日本経済
停滞から成熟へ

原　正彦

日本経済評論社

目次

はじめに――ケインズ・プロジェクトでデフレを読み解く　1

第1章　二つの経済学――ケインズvs新古典派……………9

1　不確実性の経済学　9

経済学のアポリア　9

不確実性とリスクのちがい　12

ケインズにみるコンベンション主義　14

2　ミクロ経済とマクロ経済の交流　17

ミクロ経済とマクロ経済という二分法は妥当か　17

現物価格‐先物価格による有効需要の表現　19

ケインズの経済学方法論　22

3　貨幣的生産経済理論の展開　27

貨幣的要因と実物的要因の統合　27

企業家経済——貨幣による賃金の支払い　29
貨幣利子率の「支配的な力」　31
貨幣による現在と将来のリンク　33
4　日本経済分析の視点——有効需要の四局面　35
有効需要の原理　35
IS-LM分析はケインズ理論ではない　36
有効需要の原理に含まれる四つの局面　39

第2章　過剰投資不況の理論と現実……　45
1　なぜ資本循環の分析が必要か　45
ケインズにみる資本理論の革新　45
日本経済に醸成されてきた内在矛盾　47
2　八〇年代後半以降の企業の設備投資行動　50
景気循環運動と趨勢的な落ち込みとの識別　50
急低下する資本収益率と設備投資　52
資本係数の上昇トレンドと過剰資本ストック　55
長期にわたる稼働率の低下傾向　56

産業間の資本収益率と設備投資　58
3　負の投資および設備の更新　60
現在と将来の連結環としての使用者費用　60
粗投資のもう一方の半分　62
企業部門の厖大な資金余剰　65
4　深刻な過剰投資不況　67
国内総生産と純国民所得の「ズレの法則」　67
過剰投資の三段階と日本経済の現状　69

第3章　負債デフレーションの理論と現実……73
1　デフレーションはたんなる貨幣的現象か　73
新古典派・マネタリストによるデフレの見方　73
ケインジアン・プロジェクトによるデフレの見方　76
2　H・ミンスキーの金融不安定性仮説　78
資本主義的ファイナンスとはなにか　78
ミンスキーの金融不安定性モデル　80
日本における金融不安定性仮説の現実　84

3　相対貨幣的価格とバランスシートの毀損　87
覚めている生活と眠っている生活　87
現物 - 先物市場の仕組みとその働き　90
各種資産の貨幣的価格の決定　95
バランスシートの毀損がどのようにして生じたか　98
4　デフレに落ち込む負の調節メカニズム――流動性の罠　103
適応調節にかんする二つの考え方　103
負の調節メカニズム　107

第4章　デフレ克服のための経済政策……115
1　ヴィジョンなき政策論争　115
迷走する政策論争――構造改革vs景気対策　115
経済学教科書にデフレ政策はない　117
2　デフレ克服のための政策はあるのか　120
インフレターゲット政策の危うさ　120
日本銀行の金融政策とその責務　124
「流動性の罠」とリフレーション政策の行方　128

3　小泉構造改革で日本経済は変わるか　132
いまなぜ構造改革が必要か　132
不良債権の処理　134
道路関係四公団の民営化　138
地方分権への三位一体政策　142
理念なき小泉構造改革　147

第5章　デフレ克服のための投資安定化政策……151

1　ケインズの長期経済政策に学ぶ　151
ケインズ政策にたいする誤解　151
政府のなすべきこととなすべからざること　155
2　脱ダム・脱石油・脱原発　158
経済発展とエネルギー政策　158
日本のエネルギー政策　160
脱ダム　161
脱石油　163
脱原発　166

3　水素エコノミーの幕開け　170
文明の進化とエネルギー革命　170
燃料電池の開発と利用　172
「水素エコノミー宣言」　175

第6章　新たな「国づくり」——成熟経済にむけて……181

1　国民経済主義の思想　181
小日本国主義者　石橋湛山　181
国民経済主義者　ケインズ　188

2　成熟経済への途　192
GDP大国から成熟経済へ　192
輸出主導の経済から社会保障主導の経済への転換　196
東京一極集中から地方分権時代へ　198

3　二一世紀に新たな価値を問う　200
新しい「国づくり」のための産業政策　200
福祉サービスの経済効果　202
ケインズの「初期功利主義」批判　205

センによる「現代功利主義」批判　210
参考文献　217
あとがき　225

はじめに――ケインズ・プロジェクトでデフレを読み解く

日本経済はやがて一五年にもおよぶ灰色の闇夜から、ようやく脱しようとしているのだろうか。しかし、日本経済のすすむべき道筋はいまだに明らかにされたとはいい難い。われわれはケインズ・プロジェクトによって、その道筋を照らすことにしよう。

「古典は古くしてつねに新しい」

ひと昔前までは、アメリカの大統領までが〝われわれは誰もがケインジアンである〟と称して、ケインズの理論・政策を用いさえすれば、どんな経済問題でも解決できると自負されていた。二〇世紀の第3Ⅳ半期はまさしくケインズの時代であった。

ところが一九七〇年代の後半になると、ケインズの『雇用・利子および貨幣の一般理論』（一九三六）は、IS-LM分析――ケインズ体系との比較を容易にした新古典派体系の教授法――に換骨奪胎され、そうこうするうちに新古典派の経済学のなかに埋没して、「読まれざる古典」になってしまった。

だが、古典はつねに新しい思想をはぐくむものだ。ケインズの革新的な思想を継承・発展させようとする研究は、アメリカをはじめヨーロッパ各国、さらにわが国においても少数派ではあるが、脈々として引き継がれている。こうした流れをわれわれは「ケインズ・プロジェクト」と総称することにしよう。

今日、ケインズはもっぱら彼の原典および基本的命題に立ち返って論じられているが、それはイギリス王立経済協会の『ケインズ全集』全三一巻（以下、ケインズの頭文字をとって、JMKで表す）の出版によって可能になった。こうした原典への復帰をつうじて、われわれケインズ・プロジェクトが取り組もうとしているのは、貨幣的生産経済の解明というケインズのアイディアを発展させようとするものである。

現実の世界は、実物サイドと貨幣サイドがあざなえる縄のごとくに結び合った貨幣経済だというのに、現代の新古典派はいぜんとして「古典派の二分法」から脱しえないままに、両サイドを分けて分析する。ケインズ・プロジェクトの貨幣的生産経済というアイディアは、新古典派のこうした分析手法とは異なって、次の四つの概念の代替と一つの基本的な選択を提示するものである。

① 実物経済に代えて、貨幣経済を分析する。
② 交換経済に代えて、生産経済を分析する。
③ 消費者経済に代えて、生産者経済を分析する。
④ 所与の数量および顕示選好に代えて、生産および雇用の変化を分析する。
⑤ 諸期待がつねに実現される確実性の世界に代えて、しばしば期待が失望に終わる不確実な世界を分析する。

ケインズの『一般理論』は、自らの生きた時代を背景にして書かれた不況の経済学だといってよい。もちろん、その後この著作がより一般的な「国民所得理論」として展開されたことは周知の事実であるが、その底流をなしているのは不況ヴィジョンにほかならない。ここ数年間の一連の出来事――アジアの経済危機、それのラテン・アメリカへの拡大、あるいは二〇〇一年九月一一日のニューヨーク同時テロ発生など――は、世界経済が私たちが想像しているよりもはるかに大きな危機の様相を孕んでいることを示している。そして、先進諸国では戦後はじめての、日本にみられる十数年ごしのスタグネーションが、その先駆けであるとの不吉な警告すら発せられている。古典は「つねに新しい」。ケインズの不況ヴィジョンから、日本経済の行方を分析するうえで学ぶべきことが多い。

二〇〇三年から〇四年度に引き継がれた好景気が、通常の循環的なものか、デフレ脱出につながるものか、もう少し見きわめなくてはならない。そのいずれにせよ、いまこそ平成の長期スタグネーションとそれにともなうデフレを総括すべき時期であろう。そのさい、ケインズ・プロジェクトの分析を無視して、アメリカ帰りの新古典派の学者の見方一色では、後世の歴史家からみてあまりにも公正さに欠けるだろう。本書は、ケインズ以後の研究成果を可能なかぎり理論のなかに取り込み、ケインズ・プロジェクトの見方で長期スタグネーション・デフレを読み解こうと試みたものである。

本書のもう一つの特徴は、理論と現実を統一的に把握することを狙いとしたことにある。もとより、理論なき現状分析は表層にすぎるであろうし、現実を無視した理論は成立しない。理論というものは、現実のさまざまな現象のなかから、より本質的なものを次第に抽出しながら組み立てるものだからである。そうした意味で、ケインズの不況ヴィジョンに学びながら、日本のスタグネーションの総括を試みることにしよう。各章のエッセンスをあらかじめ要約しておこう。

第1章は、ケインズ経済学方法論と新古典派の方法論との基本的な相違点を明らかにしたものである。そこでは不確実性ないし期待をめぐって、ケインズの慣習《コンベンション》主義と新古典派の合理的期待形成理論が対比される。経済の見方にかんして、新古典派の「常識」とはまったく異なるいくつかの点が示される。ここで論じた方法論は本書をつうじて貫かれている。

第2章は、わが国にみられた設備投資主導の経済成長が八〇年代後半の厖大な投資が災いして、既存の産業システムを前提にするかぎり、過剰投資の状態に陥り、資本循環が行き詰まってしまう過程を分析する。日本経済がデフレーションに陥ってしまった根底には、こうした過剰投資の現実が横たわっているのである。

第3章は、負債デフレーションの分析にあてられる。多くの新古典派経済学者たちはデフレをたんなる貨幣的現象だと理解するが、そうではなくて相対貨幣的価格の変化にもとづく金融不安定性から生じるバランスシートの毀損にその根底をみいだす。そのさい、デフレは継続的な物価下落の現象だから、それを説明するにはなんらかの適応調節の理論を必要とする。そこでは新古典派の現実味のない相対（実物）価格理論とそれに組み込まれた貨幣数量説に代えて、生きて動いている実際の市場で形成される相対貨幣的価格の理論が提示される。

第4章は、デフレに対する経済政策が論じられる。まず、認識されなくてはならないのは、経済学教科書にはデフレ政策が書かれていないことである。そこで分析されているのは、好・不況を繰り返しながらも相対的に安定した経済に対する政策にすぎず、構造的なスタグネーション・デフレに対する政策ではない。このことは九〇年代をつうじてわが国の政策当局が実際に行った財政政策および金融政策が、ことごとく失敗したことで実証ずみである。

現在のところ考えられているデフレ政策は二つある。一つはリフレーション政策である。インフレターゲット政策にしろ日本銀行が現在実行している量的緩和政策にせよ、両者はリフレーション政策としてさしたる相違はない。これらの政策を批判的に考察したうえで、それがきわめて重要な問題を孕んでいることを指摘する。

いま一つは、小泉内閣による構造改革である。同政策は、現在日本経済が抱えた諸問題を明らかにし、政官業癒着の構造を壊してくれるものと大きな期待がもたれた。しかし、これまでのところ改革は「カタツムリの歩み」と揶揄せられるように、ほとんどの問題を先送りしたにすぎない。もともと理念なき小泉構造改革には限界があり、内閣への期待は次第に失われつつある。

こうした批判にたって、第5章では、デフレ克服のための投資安定化政策について論じる。そこではケインズの真の政策ともいうべき「投資の社会化」による、長期の投資安定化政策が示される。そのうえで、経済発展の原動力ともいうべきエネルギー政策をとりあげる。まず日本のエネルギー政策の現状を明らかにし、脱ダム・脱石油・脱原発の必要性を説いたうえで、新たに燃料電池によるエネルギー政策へ転換が求められている。いま望まれるのは、政府による二〇年後の「水素エコノミー」宣言である。

第6章では、二一世紀にむけての新たな「国づくり」への途がしめされる。まず、石橋湛山やケインズの主張する国民経済主義を紹介し、そのうえで国家相互（インター・ナショナル）の交流が望まれる。そのことを踏まえて、GDP大国主義・輸出主導・一極集中の高度成長から、成熟経済への転換が求められる。最後に、ケインズによる古典的功利主義批判を踏まえて、アマルティア・センによる現代功利主義批判をフォローし、二一世紀に「新たな価値」を問いたい。

ケインズは『一般理論』の終章、「一般理論が導くであろう社会哲学についての総括的覚書」において、自からの革命的な思想を次のような言葉で結んでいる。

経済学者や政治哲学者の思想は、それが正しい場合も誤っている場合にも、その影響はふつうに了解されている以上に強力である。実際、世界はそれ以外のものによってはほとんど支配されることがない。……経済哲学や政治哲学の分野にかんしては、二五歳から三〇歳以降になって新しい理論に影響されるという人はけっして多くはなく、官僚や政治家、あるいは扇動家でさえも、現在の出来事に応用しているその思想が、最新のものであるという可能性は少ないからである。それでもしかし、良きにつけ悪しきにつけ危険であるのは、結局のところ、既得権

益ではなくて思想である。（JMK, VII, pp. 383-4）

それでは革命性をもった「危険」なケインズの思想とは、いったいどんなものだろうか。その哲学を問うことからはじめよう。

第1章　二つの経済学――ケインズvs新古典派

1　不確実性の経済学

経済学のアポリア

われわれが経済理論を展開するさいに直面するもっとも困難《アポリア》な問題は、「時間」をどのように取り扱うかにある。時間というのは、再び甦らすことのできない不可逆的な性質をもっていて、時の経過とともに過去や現在さらには未来を区別しながら、どの時も刻々に過去に消え去ってしまう。

こうした時間の性格を経済にかんする具体例をあげてフォローしてみよう。経済取引がたんなる間接交換の段階であれば、経済活動は過去と現在の取引のみにかかわるが、今日のように契約によって将来の引渡しと支払いが行われるようになると、過去および現在の財・サービスのほかに、将来に生産されるであろう財をも前もって取引することができる。こうした時間の経過するなかで、たとえば企業は過去の投資にもとづく資本設備を保有し、それをもとにして現在の生産活動を行うが、現在の生産は将来の需要をみこして決定されなければならない。

時間の取り扱いにかんして経済学には二つの見方がある。一つは新古典派の立場であって、古典力学をモデルにして、ニュートン的な「絶対的で、真の、数学的な時間」、つまり直線的で均質的な時間を用いる。いわば物の運動や変化にかんする物理的時間である。いま一つは、人間の経済行動に刻み込まれた生々しい期待や失望、実現や失敗などを含む生きた時間、いってみれば歴史的時間である。

物理的時間を用いるよい例は、ワルラスの『純粋経済学要論』（一八七四）で展開された一般均衡理論にみられる。ワルラスの有名な模索過程（tâtonnement process）では、均衡が成立するまで一切の交換や生産活動が行われないという非現実的な仮定がもうけられていて、きわめて静学的な体系である。もとよりワルラスを継承した人々、たとえばJ・R・ヒックスが予想や一時的均衡の概念を用いて静的なワルラス・モデルに時間要素を導入して、より現実的なモデルを展開しようと試みてきた。しかし、そこで用いられた「時間」は、物理的時間であって、依然として歴史的時間ではない。

一方、ケンブリッジ学派の父といわれるA・マーシャルは、時間を経済の実態にそくして一時的・短期・長期・趨勢の四つの長さに区分した。一時的というのは、すでに生産され保有されている在庫変動のことである。短期とは、需要が変化したときに、それに対応して所与の設備で生産量を変化させるケースである。長期とは、需要の変化におうじて資本設備を増加して、より多くの財貨を生産する。趨勢というのは、人口の変化や人々の嗜好の変化などの超長期を意味する。時間が基本的な企業行動を基準に規定されていることに注目しよう。こうした考えを伝承して、ケインズも「長期」と「短期」の時間区分を用いる。『一般理論』の第五章はわずか六ページほどの短い章だが、短期期待と長期期待を明確に区別して、それがケインズ・モデルを構築するうえできわめて重要な役割を演じることを強調している。

ベルグソンにいわせると、「時間はすべてのことがいちどに起こるのを防ぐための工夫」である。確かに、いろいろの現象は、すべてが同時に生起してしまうのではなく、継起的に出現する。これまでみてきた「時間」にかんする二つの見方は、こうした未知との遭遇にかんする確実性の経済学と不確実性の経済学との別れ道といってもよい。確実性の経済学では、われわれが未知なる出来事に遭遇したとき、なんら確実な知識をもたないにもかかわらず、経済的諸量の変化は確率の法則にしたがって計算可能なものと考え、諸期待はあたかも正確に実現されるものとしてあつかう。これに対して、不確実性の経済学においては、ある出来事の量的結果についての知識が不確定なだけでなく、その事象の発生それ自体でさえ正確に推定できないと考える。まさに時間・不確実性・期待は不可分である。

不確実性とリスクのちがい

過去・現在・将来へとすすむ歴史的時間を考慮に入れると、人間の営む経済行為はきわめて不確実なものとならざるをえないであろう。経済活動のなかには、たとえば今日水揚げされた魚がただちに消費されるように、将来の結果が現在の活動にはほとんど影響しないものもある。しかし、より遠い結果への関心によって影響をうける人間活動のうち、もっとも重要なものの一つはたまたま性格上経済的なもの、すなわち富である。富の蓄積は比較的遠い、ときには無限に遠い日時における諸結果あるいは潜在的諸結果を生じるからである。このように、われわれの将来にかんする知識は移ろいやすく、漠然として不確実なものである。こうした不確実性を経済学ではどのように取り扱っているであろうか。

新古典派においても、移ろいやすい現実にそくして、モデルのなかにリスク要因を挿入してきた。その典型的な手法が統計的な「頻度説」である。一般に、反復性のある事象であれば、それを繰り返し観察することによって、その事象の度数分布が明らかになる。そうした度数分布を用いて観察結果をまとめたり、統計的推論をおこなうことが可能となり、ある事象にそなわった客観的確率をモデルのなかに導入することができる。

しかしながら、こうした「頻度説」は必ずしも適切な手法とはいいがたい。意思決定者にとって必要な情報は、将来の出来事についての客観的確率ではなくて、主観的確率の情報だからである。そこで保険数理的リスク・モデルが考案されることになった。このモデルは、不確実性のもとでの決定をあたかもリスクの一ケースだと考え、主観的確率をいろいろの結果の度数分布だとみなす。さらに、近代的なポートフォリオ理論では、投資家が資産の生み出す期待収益とリスクとのかねあいで、そのポートフォリオを決定するものと考える。

ケインズはこうした「頻度説」ないし「保険数理的リスク」モデルが、生きて動いている経済を分析する手法たりえないとして、これをきびしく批判する。

われわれの行動を合理化するために、無知の状態にある人間にとって正負両方向の誤りが等しい確率をもつものであるから、等確率（equi-probabilities）を基礎においた保険数学的期待値の平均に頼ればよい、ということもいえない。未知の状態に基礎をおいた算術的な等確率という考えがさまざまな不条理に導くことは、容易に証明できるからである。（JMK, VII, p. 152）

それではケインズはどのように不確実性を規定し、それをモデルのなかに組み込もうとするのだろうか。彼は『一般理論』にたいする批判的な論文に答えつつ自説の理論的要点を再説した論文「雇用の一般理論」（一九三七）（JMK, XIV, pp. 109–23）において、不確実性を次のように再定義づける。

わたしに言わしめれば、「不確実な」知識によって、たんなる「蓋然的」なものから「確実」

だと知られているものを区別することではない。この意味において、ルーレットのゲームは「不確実性」の問題にはぞくさないし、戦勝公債にたいする見込みもまた同様である。……わたしが使っているこの言葉の意味は、ヨーロッパ戦争の見込みとか二〇年後の銅貨の価格や利子率とか、ある新発見の廃棄とか、一九七〇年の社会組織内における個人的富の所有者の地位とかが「不確実」だということである。これらの事柄にかんしてはなんらかの確率を形成することができるという科学的な基礎はなにもない。ただわれわれが知らないだけである。

ケインズにみるコンベンション主義

それではいったいこうした不確実性をまえにした「合理的な経済的人間」としては、どのように振る舞えばよいであろうか。引きつづいてケインズの説明を聞こう。

実際には、われわれは通常暗黙のうちに一致して、実をいえば一種の慣習（convention）に頼っている。この慣行の本質は――もちろん、それほど単純に作用するものではないが――われわれが変化を期待する特別の理由をもたないかぎり、現在の事態が無限に持続するところにある。このことは、われわれが本当に現在の事態が無限に持続すると信じていることを意味するのではない。われわれは広範な経験から、このようなことはとてもありそうにないことを知っている。長期にわたって投資の実際の成果が初めの期待と一致することはめったにない。

（JMK, VII, p. 152）

一見したところ、ケインズの主張はたんなる同義反語のようにみえる。しかしここで重要なのは、「特別の」という形容詞である。つまり、価格の変化を期待させるしっかりとした特別な理由がない限り、われわれは現在の評価が適切だと考えるのである。ケインズはさきに引用した一九三七年論文で、こうしたコンベンション概念をさらに敷衍している。この概念はケインズの方法論にとってきわめて重要なので、右に述べたことと重複するが、その内容をまとめておこう。なお、コンベンションという用語は、慣行、規約、共有信念などと訳され、必ずしもその訳語が統一されていない。ここでは多元的な社会における多様なコーディネーションの諸形態——組織、制度、行為規範、道徳的ルール——にたいする共有の感覚を意味するものと理解しておこう。

不確実性に直面して、合理的経済人が考慮すべき三つの重要なことがある。①過去の経験の検証が示している以上に、現在が未来に対してはるかに有益な指針である。②価格で表示された現在の評価ならびに今期の産出高のありようが、正確に将来の予想を織り込んでいる。③われわれ自身の個人的判断は当てにならないから、より熟知しているであろう他の世界の判断に頼ろうとする。個々人の社会の心理は、互いに他人の模倣をしようとするが、これこそが慣習的判断をもたらす。この概念がとりわけ重要なのは、それが確固たる基礎をもたないたんなる慣行にすぎず、きわめてもろくて毀れやすい性質をもっていることだ。

こうした三つの原理にもとづいて、将来にかんする実践理論は、いくつかのいちじるしい特徴をもっている。とりわけ、それはこのようにもろい基礎のうえに立っているのであるから、突発的で激しい変化に翻弄されやすい。落着きをもち変動しない、確かで安全な行為は、突然に崩壊する。新しい恐怖と希望が、前ぶれもなく人々の行動を支配するであろう。……私は古典的経済理論が、それ自身、われわれは将来についてはほとんどなにも知らないのだという事実に目をつぶることによって現在に対処しようとするところの、これらのこぎれいで上品な技術の一つになっている、ということを非難しているのである。(JMK, XVI, pp. 114–5)

やや余談めくが、こうしたコンベンション概念にもとづく方法論と現代の新古典派の中核をなす合理的期待形成理論との対比がきわめて興味深い。過去二〇年ほど、マクロ経済理論で圧倒的に流行したのは、「合理的期待」仮説であった。この仮説は、経済学者にとって、マクロ経済理論にいっそう確かな基礎を与えるように思われた。合理的期待の考え方は、「合理的」経済主体である個々の人びとや諸企業は、期待形成上の誤りから学びとるだけでなく、その学習のおかげで経済全体の運動を決定する正しいモデルを認識できるのだ。こうして人は誰もが自分なりのマクロ経済モデルをもっていて、しかも学習過程でさらにモデルの信頼度を増して経済の動きを正しく理解することになる。

これではまるでケインズのいう、こぎれいで上品な技術の一つではなかろうか。現実の不確実性にみちた経済を分析するうえであまりにもリアリティを欠くといわざるをえないのではないか。しかも、新古典派の経済理論では、ミクロ・レベルの自己利益追求型の個人行動の総和によって、マクロ・モデル全体が組み立てられている。ケインズの慣習概念は、引きつづいて考察するのだが、彼の方法論のエッセンスともいうべきミクロ経済とマクロ経済とを結びつける役割を演ずるのである。

2　ミクロ経済とマクロ経済の交流

ミクロ経済とマクロ経済という二分法は妥当か

現代の経済学において、ミクロ経済学とマクロ経済学の二分法がすっかり定着している。書店の経済コーナーに行ってみよう。ほぼ同じ内容の十数種類ものミクロ経済学とマクロ経済学の教科書が整然と並べられている。ミクロ経済学では、経済活動を個々の企業者や個々の消費者の行動原理を分析して、自由競争市場での価格決定メカニズムならびに資源の最適配分といった問題を解明する。一方マクロ経済学では、これを企業家全体、消費者全体といった集合単位の動きを基準としてつかまえ、一国の雇用や所得水準の決定メカニズムを解明しようとする。

新古典派にみられるミクロの競争均衡モデルは、ワルラスによって創出され、さらにパレートによって「パレート最適」として精緻化されたものである。パレート最適性というのは、次の二つの特性をもっている。

(1) 自由市場の競争均衡は効率的であり、あらゆる市場において需要と供給が等しく、したがってすべての資源は十分に活用され、無駄はまったくない。

(2) どの個人または企業も、資源の配分を変えて利益を増やそうとすると、かならず他の個人あるいは企業の利益を減少させないわけにはいかない。

このように、ミクロ経済学は合理的な自己利益追求型の個人という概念を基礎としているので、経済全体の動きは個々人や個々の企業の行動を合計すればよいという、総和主義の立場をとる。これにたいしてマクロ分析は、経済全体を国民所得や雇用量といった集計概念を用いる。そこでは国民所得水準の決定とその変動メカニズムが取り扱われ、経済全体の動きを分析しようとする。その変動メカニズムの中心は投資・貯蓄の所得決定論であって、最初の投資が乗数過程をつじてそれに等しい貯蓄を生みだしたところで均衡にいたる。したがって、経済は時として均衡状態にありながらも、失業者が存在する不完全雇用均衡にとどまってしまう可能性をもっている。このマクロ分析はケインズによってはじめられたものである。

かつてヒックス（一九六五）は、ミクロ分析を伸縮的価格モデル（flexprice model）、マクロ分析を固定的価格モデル（fixprice model）にもとづく体系だと規定した。こうした見方が一般に受け入れられて、ミクロの価格理論とマクロの所得理論という二分法がすっかり定着して今日にいたっている。

問題は、こうしたミクロ経済とマクロ経済の二分法が現実に妥当するであろうか。この二つは相互に作用連関するのではあるまいか。われわれが日常の経済生活をつうじて肌で感じるのは、両者がなんらかの形で相互に絡み合っていることだ。つまり、個人や企業がミクロ・レベルで行った無数の決断の相互作用から、経済全体のマクロ・レベルでの複雑な運動パターンが現れてくるのではないだろうか。たしかに、新古典派の総和主義では「合成の誤謬」に陥るであろうし、マクロ分析といえども個々の家計や企業の盛衰を無視しうるはずがない。そうだとすれば、マクロとミクロの作用連関を解き明かす方法があるのではなかろうか。

現物価格 - 先物価格による有効需要の表現

現実の経済においては、個々の企業は他企業に打ち勝つべく日々熾烈な価格競争にさらされている。製品コストを引き下げ、自社製品の販売拡張によって、より多額の利潤をあげようとしのぎを削っている。こうした競争均衡において、ミクロ・レベルでの価格競争の結果生じる在庫の超過、あるいはその結果生じる過剰な生産能力が、マクロ・レベルでの産出量や雇用量を変化させることなく、自動的にその不一致をとり除くことができるか、いぜんとして未解決のままに残されている。このことをわが国の実際に即して考えてみよう。

現在、わが国はデフレ経済のもとで超過在庫の状態に陥っている。この超過在庫の圧力は価格をその「正常」水準以下に引き下げ、それがさらなる価格低下の「期待」を生み出すであろうから、現実の価格の動きは、その生産費にかかわりなく、既存在庫を売りさばく市況となるであろう。こうした過剰在庫の状況において、生産者が明日期待されるよりも高い価格で今日販売することによって損失を最小化しうると信じるかぎり、価格は低下しつづける。だから、価格は企業家が将来期日により高い価格で販売できるようになって、競争的な収益があがるのを見越して、既存在庫を保有することを納得するような水準に落ち込むまで、低下しつづけるであろう。

　そうこうするうちに、投機家が下落した現物価格で既存在庫を買い入れ、それを先物価格で売るために保有しようとして、競争的な利益をあげうると納得するにいたって、はじめて価格の低下は停止するであろう。

　ところで、貨幣的生産経済において、企業家が生産諸要素の雇用を増加するには、生産物ではなくて、貨幣による支払いを必要とする。だから、彼にもとめられるのは、ともかくも雇用を増加するために貨幣を使用することと、貨幣を使用しないこととのあいだの選択である。企業家の唯一の関心事は、貨幣額で最高の利潤を生み出す方法を選択することにあるからである。

　想い出して欲しいのは、前節で考察したコンベンション主義にかんする三原則である。もういちどその要点を想い出してみよう。それは現在は未来のための有力な指針であり、現行の経済指標が将来についての正しい評価を示し、互いに平均的意見に近似しようとすることによって、慣行的な知識を形成するということであった。

　生きて動いている現実の市場には、現物市場と先物市場が同時に存在して価格を形成する。そこでの先物価格は、それらが予想されるかぎりにおいて、持越費用や生産の機会費用についての種々の要件を考慮したあとで、すでに現物価格のなかに反映されている。こうして、われわれは現物価格・先物価格スキームをつうじてすでに貨幣保有と他の富形態との相対的な有利さを均衡させている、と想定することができる。だから、企業家が生産を開始するにさいして、貨幣額での利潤が高まると期待されるならば、これは企業家をしてより多くの雇用を提供させるよう刺激するであろう。ちなみに、現物−先物価格市場というのは、実際に存在する市場であり、将来のリスクを避けようとして人間が考えだした市場の仕組みである。主要な耐久性をもつ商品にはこの二つの市場が同時に存在する。

さて、産出物の生産に要する一単位当たりの生産費を現在の供給価格と定義し、一単位当たりの産出物から受け取る純収益の現在価値を需要価格と定義せよ。そのとき企業家の事業決意は、現物価格と先物価格との比較によって示されるであろう。もしこの両者の価格差が正（市場の用語では逆鞘）であり、それが借入コストを上回るならば、生産はすすめられ産出量と雇用が創出されるであろう。

これまではある代表企業について、現物価格と先物価格の比較考量による価格形成過程をつうじて、どのようにして生産要素や雇用の増大が生じるかをみてきた。当該経済における企業者数を与えられたものとすると、企業家を全体としてみたマクロ経済にかんしても、同様の関係を導き出すことができる。この関係は、『一般理論』において総供給価格関数と総需要価格関数となった。総供給価格関数と総需要価格関数が交わる点は、生産からえられる収益率と利子率によって表される「貨幣の代替的な使途」からの収益率との均等を表している。そのとき雇用量と生産された産出量は、この二つの関数の交点を示す有効需要点で決定される。ケインズをして言わしめれば次のようになる。

> 技術、資源および雇用一単位当たりの要素費用が一定の状態においては、雇用量は、個々の企業や産業の場合にもその総体の場合にも、企業者が［その雇用量に］対応した産出量から受け取ると期待する売上金額の大きさに依存する。なぜなら、企業者は売上金額が要素費用を超過する額を最大にすると期待する水準において、雇用量を定めようと努力するからである。
> (JMK, VII, pp. 24–5)

ケインズの経済学方法論

これまでケインズが不確実性をまえにした合理的、経済的人間の行動にかんして、ある種のコンベンション主義の立場をとることを繰り返し指摘してきた。じつはこのコンベンション主義こそ、個人（ミクロ）と総体（マクロ）を結びつける、ケインズ経済学方法論の根幹をなすものである。このことを明らかにするため、彼の『確率論』（一九二〇）から『一般理論』（一九三六）にいたるひとつづきの道で、どのようにこの慣習主義が深められていったか考察してみよう。

ケインズの『確率論』は四五〇ページにもおよぶ大著であり、巻末には過去に著された代表的な確率論のテキスト約六〇〇篇があげられている。しかも、その多くには書誌的コメントまでつけられている。彼がこの著書になみなみならぬ努力を傾注したことをうかがわせる。彼の唯一の哲学的著作だけに、哲学の基本的レッスンを経験したことのない経済学者にとってはきわめて難解な書物である。哲学者・伊藤邦武は『ケインズの哲学』（一九九九）において、『確率論』から『一般理論』にいたるケインズの思想の軌跡を追求して、そのエッセンスを見事に摘出している。この主題については、これまで菱山泉の「ケインズにおける不確実性の論理」（『思想』五一四号）が注目されてきた。こうした業績を超えて、伊藤の分析は世界的にみても傑出したものといってよいであろう。ここでの論述は伊藤に負うところが大きい。

あらかじめ伊藤の結論を先取りすれば、次のようになる。『確率論』において分析されている「蓋然性」と『一般理論』の主題の一つである「不確実性」とのあいだには、たしかに繋がりはあるものの、それらはまったく同一のものではない。『一般理論』における不確実性は『確率論』における幅広い蓋然性の理論によってもカバーできないような、より根本的な不安定性をもっており、しかもわれわれの合理的な行為選択の理解のためには、このようなより根本的な不確実性の論理の理解が必要である、ということである。伊藤がこうした結論にいたるプロセスをたどってみよう。

『確率論』は多彩な内容を含んでいるが、ここでは議論をすすめるうえで必要なかぎりにおいてとりあげよう。純粋数学や演繹的論理学のような形式的学問以外のすべての科学は、いずれもその結論に疑問の余地を残すような蓋然的推論（probable inferences）によって構成されている。したがって、これら知識一般の哲学的分析のためには、まず「蓋然性」すなわち「確率」の研究が先行しなければならない。

(1) この確率とは、ある一つの命題にかんする完全な信念から別の命題にかんする部分的信念へと推論をすすめ、われわれは一組の前提と帰結とからなる推論のもっている蓋然性を判断するのである。

(2) この前提と帰結として理解される二つの命題のあいだには、確率関係（probability relation）とよばれるある種の関係が、ただ一つだけ成立する。つまり、個々の命題は他の命題との関係にかんして確率をもつのであって、各命題そのものに確率を帰することには意味がない。

こうしたケインズの確率概念にたいして、彼の後輩であるラムジーはこれをきびしく批判し、この概念をほぼ全面的に否定した。ラムジーのケインズ批判は、一九二六年にケンブリッジの「モラル・サイエンス・クラブ」で口頭発表されたもので「真理と確率」という表題がつけられている。彼によれば、右の二つのテーゼで記述されているような確率関係といったものは本当に存在しているようにはみえない。なぜなら、人々は二つの所与の命題のあいだにどの確率関係が成り立っているかについて、ほとんど何の合意に達することもできないからである。

ラムジーの探求の主題は、部分的信念の度合いを計る純粋に心理学的方法を打ち立てることにあった。彼によれば、確率を計るというのでは十分でなく、われわれの信念に確率を振り当てるには、信念そのものも計られなければならない。人々の一般の見方では、信念やその他の心理的な変項は計量不可能である、ということになっている。もしこのことが正しいのであれば、われわれの探求はむだであり、また部分的信念の論理として構想されている確率論全体も無意味だということになる。

ラムジーによれば、ある人の信念を計量するための古くから確立されている方法は、賭けを提案して、その人が受け入れる最小の賭け率（odds）をみる、という方法である。ラムジーはこのようにして個々人がある個別的な命題にたいして確信する度合い、あるいはそれが真であることに「賭ける」度合いとしての確率、という新しい概念を提出した。彼はこの度合いをその個人の欲求の尺度と組み合わすことによって、行為のための意思決定の論理を厳密な仕方で示したのである。この理論は、その後フォン・ノイマンやサヴェッジらのいわゆる「ゲーム理論」の先駆的試みとして、現代においても注目されている思考法である。

このようなラムジーのケインズ『確率論』への全面的な批判にたいして、ケインズは彼の突然の死を悼んだ追悼文「哲学者ラムジー」のなかで、その批判を受け入れるとともに、新たな問題提起をおこなうことになる。

ラムジーは、私の提案した見解に反対して、確率は命題のあいだの客観的関係にかかわるのではなく、信念の度合いにかかわるものであることを主張し、そして彼は、確率の計算は単に、

> われわれの抱く確信の度合いの体系が整合的な体系となることを保証するための諸規則の集まりに帰着する、ということを明らかにすることに成功した。かくして、確率計算は形式論理に属し、……われわれの信念の度合いの源のほうは、おそらく自然淘汰によって与えられた、われわれの人間的装備の一部ということになる。私はここまでラムジーに承服する——私はラムジーが正しいと考える。けれども、「合理的な」信念の度合いと信念一般とを区別しようとした議論においては、彼はいまだ成功してはいないと思われる。（JMK, X, p. 339）

さて、問題は傍点を付した「合理的な」信念の度合いと信念一般との区別である。ラムジーの理論は、特定の個人がもつ信念の度合いにかかわっている。しかしながら、われわれの信念のうち、たとえ大多数でなくても、多くのものの性格が社会的であるという事実を見逃している。われわれの信念の多くのものは、社会的集団のほとんどすべてのメンバーによって共通に保有される。また、どんな特定の個人でも、通常はこの集団との社会的相互作用をつうじて、これらの信念のなかの多くのものを会得するのである。

伊藤は、こうした間主観的確率（intersubjective probability）の立場をより詳細に分析したうえで、ケインズが最終的にたどりついた思想は、それを認識論的観点から特徴づけるならば、コンベンション主義であると同時に、共同体的プラグマティズムと呼ぶべきものだと規定する。ケインズの思想は、個人的判断（ミクロ）と一般的、普遍的認識（マクロ）との関係をつまずきの石として、それにたいする共同体的プラグマティズムという形での克服の軌跡ということになる。伊藤はそれがまさにわれわれの世紀の思想である、と結論づけている。

われわれにとってより重要な関心事は、こうしたケインズの哲学をどのようにして経済モデルとして構築するか、ということにある。周知のように、『一般理論』においては、この共同体が具体的に家計・投資家・企業家という多元的な階層に分けられている。三つの階層に区分すること自体はさしたることではないが、そのうえでこれら三つの階層にはそれぞれ家計には心理的消費性向、投資家には流動性にたいする心理的態度、企業家には資本資産から将来生じるとされる収益についての心理的期待という行動様式が随伴している。そのうえで、それら三階層の諸期待が独立変数として有機的に連結されて、従属変数である所得ないし雇用を決定する。こうして、多元的社会が「貨幣的生産経済」についての総括的かつマクロ的な因果モデルとして体系化されている。まことに見事な構想力というべきであろう。

3　貨幣的生産経済理論の展開

貨幣的要因と実物的要因の統合

われわれの生活している経済は、さまざまな実物的現象と貨幣的現象とがあざなえる縄のごとく結びついて、両者はそれぞれ独自の性質と働きをもちながらも、相互に作用連関しあっている経済である。こうした経済を「貨幣的生産経済」または「貨幣経済」と呼ぶことにしよう。

ケインズが「貨幣的生産経済」という思想に辿りつつある方向を示す最初の出版物は、『シュピートホフ記念論文集』（一九三三）への寄稿論文「生産の貨幣的理論」（The Monetary Theory of Production）であった。この論文こそ、ケインズが伝統的な実物交換経済の分析と決別して、新しい思想の構築をめざすマニフェストともいうべきものであった。ケインズはこう述べている。

私がいまえたいと痛切に望んでいる理論は、貨幣がそれ自身の役割を演じて諸動機と諸結果に影響をおよぼすような経済、つまり貨幣が事態のなかで実行力をもった諸要因の一つであるような経済、したがって諸事象の成り行きが、長期においてにせよ、短期においてにせよ、最初の状態と最後の状態とのあいだでの貨幣の働きについての知識なしには予見しえないような経済をとり扱うものである。そして、これこそわれわれが貨幣的経済というときに意味しなければならない経済である。

この論文の要旨はおおよそ次のようなものであった。貨幣的経済の枠組みにおいて、企業家行動、貨幣、貨幣賃金および不確実性のもとでの期待形成などを導入することによって、貨幣的生産経済の本質を見きわめることができる。これらすべてが貨幣収益の極大を目指す企業家の願望をひきおこす有効需要にかんする期待によって、生産および雇用の変動を生じるのである。

この論文は、さらなる貨幣的経済理論の完成を自らの課題として、その実現への自信をにじませながら終わっている。こうして『一般理論』にいたるのだが、そこでは「貨幣は本質的かつ独特の仕方で経済機構のなかに入り込む」ことになる。

現実の経済が貨幣的経済の最高度に発達した経済であることは、否定すべくもない事実だと思われるのだが、現代の主流をなす新古典学派では必ずしもそうではない。すでに古典派の二分法として批判したように、彼らの主張によると、雇用や産出高といった実体的なものは、実物的な諸条件を基礎にして、主体均衡ならびに市場での需給均衡をつうじて決定される。貨幣が導入されるのは、そのあとで便宜性や現実へ近づくための手段にすぎず、それは名目値に影響をあたえるだけで、実質値を変えることはできない、とするのである。こうした見方はあまりにもリアリティに欠けていて、それに与《くみ》することは到底許されないであろう。

企業家経済――貨幣による賃金の支払い

貨幣的生産経済の重要な特質の一つは、賃金が労働によって生産された生産物の一定割合の財で支払われるのではなく、貨幣で支払われることにある。こうした経済は「企業家経済」とよばれ、賃金が生産物で支払われる「中立経済」とは区別される。

賃金が財で支払われる中立経済では、生産に参加した誰もが生産物の全額を入手するので、つねに今期の産出高＝今期の所得＝今期の支出という恒等関係が成立する。この三者が均等になるのは、まさしく「セー法則」(Say's law)の支配する経済にほかならない。セー法則のもとでは、人々の労働行為はいつでも、自己の生産物で稼得した所得は必然的に産出量の増加に等しい支出の増加をもたらすから、けっして需要不足に陥ることはない。こうした経済にたいする唯一の制約は完全雇用ということになる。

これにたいして、賃金が貨幣で支払われる経済では、賃金が保蔵できる貨幣で支払われるから、賃金所得の一部が今期の生産物に支出されずに貯蓄されるかもしれない。その貯蓄は、現在の消費需要の代わりに将来の消費需要を選ぶことではなくて、不特定の時に不特定の財を消費する可能性にたいする欲求にすぎない。したがって、全体の経済は需要不足に陥る可能性をつねに孕んでいる。貨幣的生産経済のエッセンスが有効需要にあるというのはこうした意味からである。

イギリスにおける資本主義の黎明期のことだが、大量の農民たちが「囲い込み」によって農地を失い、リバプールやマンチェスターなどの都市へ追いやられて、賃金労働者になった。イギリスを旅すると、いまでも各地に当時の「囲い込み」運動の痕跡が残っており、いかにきびしい囲い込みであったかをうかがわせる。トーマス・モアが『ユートピア』のなかで、「羊が人を食らう」という比喩を用いて囲い込み運動を痛烈に批判したことはよく知られている。

しかしながら、賃金が貨幣で支払われると、その所得からの貯蓄が可能だという認識だけでは、必ずしも総支出/総所得比率の可変性を示す十分条件とはいえない。もし貯蓄が究極的に投資財の購入に使用されるか、あるいは金融機関などをつうじてファイナンスされるのであれば、貯蓄と投資はたとえ個人にとって異なっても、社会全体としては等しくなるはずだからである。そうだとすれば、投資と貯蓄の均等化が再び生じて、セー法則が成立することになる。『一般理論』の用語法によれば、消費にかんする心理的法則の導入だけでは、セー法則を反証するのに十分ではないのである。

貨幣利子率の「支配的な力」

こうした理論上の難問にたいして、ケインズが示唆したことは、家計の消費決定が今期の所得によって決定される一方で、今日行われる企業の投資決意は、その投資が生み出すと期待される所得により密接な関係をもっている、ということであった。将来期日における貯蓄からの支出が確実性をもって予見されえない経済においては、企業家は投資プロジェクトの予想される期間中に獲得しうる期待利潤にもとづいて投資決意をくださなければならないからである。

こうした新たな区別の導入によって、経済諸量は期待値によって書き改められなくてはならないことになる。投資支出が期待値に依拠するのだとすれば、企業家は来るべき投資期間中に将来需要がどうなるかを知りえない、将来需要にかんする情報がいかなる市場シグナルによってもあたえられない、未知の世界に入ってしまう。それでもなお、完全雇用においては、個人的には所得と支出が乖離しても、投資支出の増加によって全体的には均等になると考えられるかもしれない。人々が誤解するのは、「富を保有しようとする欲求の増大」が「投資物件を保有しようとする欲求の増大」

と同じであって、個人の貯蓄によって現在の消費が減少したのと同じだけ、今期の投資を促進するとする見方である。

こうした謬見を解くために貯蓄の中身を考えてみよう。貯蓄が購買力を保持するためには、それらは耐久的な形態に転換されなくてはならない。どんな耐久資産も、定義によって、時間をつうじて存続するという性質、つまり価値貯蔵物として役立つという性質をもっている。現代のストック経済のもとでは、資本資産や商品在庫をはじめ、株式などさまざまな金融資産および貨幣が、価値貯蔵物の連続体（continuum）をなしている。いま単純化のために、資産を「非貨幣的」耐久財と「貨幣的」資産にわけて考えてみよう。貯蓄者が実際に所望するのは、これら非貨幣的耐久財それ自体ではなくて、その見込み収益である。そうした資産の純収益（限界効率）は、それにたいする需要と負の関係をもっている。貯蓄者は、価値貯蔵物としてもっとも高い見込み収益をもった非貨幣的耐久財を、次に高くランクされる資産の見込み収益と均等化するまで需要しつづける。こうして、やがてすべての潜在的な価値貯蔵物の収益が均等化する。

この純収益の均等化のプロセスに貨幣が加わると、いったいどうなるだろうか。貨幣は生産の弾力性ならびに代替の弾力性がゼロという、他の資産とは異なる基本的性格をもっている。したがって、貨幣とよばれる耐久財は、その見込み収益が生産の技術的条件によってではなく、その流動性プレミアムによって決定される代替的な価値貯蔵物である。流動性プレミアムは、貨幣供給の変化から独立した、公衆の心理ないしは「流動性選好」によって決定される。

いま貨幣の流動性プレミアムがきわめて高い場合を想定しよう。貯蓄者は貨幣の形で富を貯蔵するほうを選好し、あらたに生産される非貨幣的な価値創造物にたいする需要は、価値貯蔵物としての貨幣にたいする需要の分だけ貯蓄額を下回ることになる。こうして純収益均等化のプロセスは、完全雇用に到達するまえに停止することになる。このプロセスにおいて、「支配的な力」を示すのは貨幣の限界効率、すなわち利子率である。貨幣利子率はそれが完全雇用貯蓄とバランスするのに必要とされる水準に達するまえに、貯蓄者による価値貯蔵物としての資本財にたいする需要を閉め出すからである。

このように貨幣的生産経済のきわめて重要な特徴の一つは、価値貯蔵物としての貨幣が所得の支出決意を妨げ、貨幣にたいする需要が増えても、労働にたいする需要になんらの影響をもおよぼさないような形で、「購買力の流れを底知れず吸い込む湖沼」のような役割を演じることにみいだされる。現実の日本経済は、まことに憂うべき事態だが、こうした流動性選好がかぎりなく強まって絶対的となる状態、「流動性の罠」に陥ってしまっている。このことについてはあらためて第3章で詳しく分析することにしよう。

貨幣による現在と将来のリンク

ケインズ理論にとって決定的に重要な点は、耐用年数の長い資本設備にたいする投資の収益性が、投資決意が行われた後になってはじめて利用できる情報に依存する、という認識であった。今期の所得は将来の収益にかんする不完全な指標にすぎず、期待される所得こそが現在の投資支出を決定する要因である。だから、市場メカニズムといえども、企業家の合理的な意思決定に必要とされる情報をあたえることができない。だが、経済システムは、自然が真空状態を忌み嫌うように、不確実性を忌み嫌う。経済システムは不確実性を縮減する諸制度——賃金契約、債務契約、供給取り決め、現物‐先物の売買契約など——を創案することによって、市場が発することのできない情報の欠如を補おうとする。これらの諸契約は、すべて時間をつうじてもっとも安定した単位、つまり貨幣によって結ばれる。制度や市場はこうした「貨幣表示による契約」をつうじて発展する。貨幣はまさに現在と将来とをつなぐリンクの役割を担うのである。

　このように貨幣は現在と将来を橋渡しするが、それはごく壊れやすい架橋にすぎない。それによって将来の不確実性を十分に取り除くことはできないし、その価格（利子率）は将来正しいことが判明する行動を導きえないからである。さらにまた、金融市場への介入は、労働市場にたいして「適切な」シグナルを送るとはかぎらないという意味で、適切な情報の発信を保証するものでもない。

　たしかに貨幣は、資本主義システムの発展を反映するのだから、両者は互いに保全し合うであろう。貨幣が、時間をつうじて価値を連結するためには、貨幣価値の安定性を保つことが決定的に重要である。そうした安定性は、「貨幣表示による契約」による当事者間の不確実性の分担とそれらが売買される市場のリスクを縮減しているからである。

しかしながら、貨幣による現在と将来のリンクは、すでに指摘したように、ごく脆弱な架橋にすぎず、いったんこの架橋が揺らぐと厖大な額の資産ストックの貨幣価値は大き変動する。わが国が直面しているデフレーションの根源には、こうした相対貨幣的価格の変動による「バランス・シート毀損」が根深く内包されており、その具体的な現象としての不良債権問題の解決が迫られている。

4　日本経済分析の視点——有効需要の四局面

有効需要の原理

われわれは前節で「貨幣的生産経済」の態様を明らかにするなかで、有効需要の原理のエッセンスともいうべき諸要因を論じてきた。ここでそれをよりフォーマルな形にまとめてみよう。

有効需要は、総供給価格曲線と総需要価格曲線の交点できまる。産出物の総供給価格とは、企業が一定の雇用を提供するのにちょうど値すると考える「売上金額」の期待である（$Z=\phi(N)$）。総需要価格とは、一定の雇用水準から実現すると期待される「売上金額」にかんするものである（$D=f(N)$）。両曲線とも価格にかかわる曲線であることは、すでに注目したところである。

この有効需要の原理を示す経済モデルは、きわめてシンプルで、三つの要因よりなる。

(1)　所与要因——労働の熟練と量、設備の質と量、技術水準、消費者の嗜好と習慣など

(2)　独立変数——消費性向、流動性選好、資本の限界効率

(3) 従属変数――これらの諸要因によって決定される雇用量と国民所得

短期分析のもとでは、総供給関数は所与であるから、有効需要はもっぱら総需要関数によって決定されることになる。問題は、究極的な独立変数がどのように分析的に体系化されて、従属変数である所得（雇用）を決定するかである。総需要（D）は二つの構成要素からなっている。消費需要（D_1）は消費性向（$C=(Y)$）によって決定される。また投資需要（D_2）は資本の限界効率と流動性選好（$I(m, i)$）によって決定される。すなわち

$$D = D_1 + D_2$$

こうした有効需要の構成要素をもとに、従属変数である雇用量が次のような因果の継起的連鎖によって決定される。すなわち、消費性向を所与とするならば、雇用量は投資量によって決定され、ついで投資の期待利潤率を所与とするならば、投資量は利子率によって決定され、そしてさらに、貨幣量を所与とするならば、利子率は流動性選好によって決定される。こうした因果モデルが、ワルラシアンの一般均衡モデルとはまったく異なることに注目しよう。

IS-LM分析はケインズ理論ではない

このさい明確にしておきたいことがある。多くの経済学教科書ではIS-LMモデルがケインズ理論として定着してしまっているが、それはケインズ理論ではない。このことはJ・R・ヒックス（一九三七）自らがIS-LMモデルをケインズ体系との比較を容易にした新古典派体系の教授法だ

と規定していることからも明らかである。

それにもかかわらず、IS-LMモデルはなんと数奇な運命をたどったことだろう。一九四〇年代におけるA・H・ハンセンやL・R・クラインたち初期アメリカ・ケインジアンの著作によって、このモデルは各国に普及した。世界中の経済学部の教室で一番多く描かれたのがこの図式だといわれるほどだ。そうこうするうちに、IS-LM分析はフィリップス曲線に書き替えられた。この曲線は、インフレーションと失業のトレード・オフ関係を示すものとして重宝がられ、政策基準としてもまた計量分析のモデルとしても、大いに利用されてきた。やがて、このフィリップス曲線はマネタリストの批判にさらされ、その曲線が安定的でなく、ときとともにシフトすることが論証されるにともなって支持を失った。それでもなおIS-LMモデルは余命を保っていたが、ドーンブッシュ&S・フィッシャー（一九七八）たちの新古典派の総需要・総供給モデルのなかに嵌め込まれ、ついにその姿は消えてしまった。

もとより、ポスト・ケインズ派によってこの総需給モデルにたいする批判がなされてきたが、十分に理解されないまま今日にいたっている。福岡正夫の『ケインズ』（一九九七）は、新資料も加えた明快なケインズ伝だとして知られているが、「異見への反論」として、宇沢弘文の不均衡理論からのIS-LM批判ならびに美濃口武雄（故）の古典派の二分法批判を反批判している。そのうえで、IS-LMモデルが真のケインズのゲシュタルトを歪めているという主張は、筆者の読みえたかぎりにおいて明確かつ正当にその主張を全うしているものは一つもない、と結論づけている。

本当にそうであろうか。

ヒックスの原典に立ち返ってＩＳ‐ＬＭモデルの導出過程を再現してみよう。ヒックスはケインズの三つの心理的な独立変数から次のような方程式を導出する。

消費性向→財の需給方程式

流動性選好→貨幣需給方程式

資本の限界効率→貸付需要（投資）供給（貯蓄）方程式

一般均衡の分析手法によると、このうち二式は操作できる方程式（operative equation）であり、一式は消去できる方程式（check equation）である。この三式から六個の組合せが可能だが、それらすべては同一かつ同等に正しい。いま、貸付需給（投資と貯蓄）を消去できる方程式とし、財の需給と貨幣需給とを操作できる方程式としよう。ヒックスによれば、一般均衡の「通常の手法」（ワルラス法則）から、流動性選好説をとろうが貸付資金説をとろうが、数学的には無差別だということになる。しかし、ケインズの立場からすればそうしたことは経済的には理解されえない。なぜなら、ヒックスの立場では操作できる方程式としては貸付資金説が残されており、ケインズでは流動性選好説が残されているからである。両者の理論にとって利子率の違いは決定的だ。ケインズはヒックスの利子率観に疑念を抱いていた。「あなたが心に描いていた（利子についての）他の手法とは正確になにか理解できません」（JMK, XIV, p. 81）。事実、ケインズは『一般理論』をめぐるその後の論争において、多くの時間を利子理論にさいたのである。

ともすればケインズ革命は貯蓄・投資による所得決定論だけが注目されて、流動性選好説が軽視されがちだが、それは二面的特質（dual-faceted Neture）をもっており、セー法則と貨幣数量説の同時否定を意図したものであることを忘れてはなるまい。

有効需要の原理に含まれる四つの局面

一般に、これまで有効需要の原理はごく表面的にしか理解されず、経済の一つの局面をあらわすものと解釈されてきた。ケインズ・プロジェクトでは、『一般理論』では必ずしも体系化されていないが、その思想の深層に広がる鉱脈を掘り起こしながら、有効需要の原理をさらに展開してきた。この原理には以下のような四つの局面が隠含されており、これから日本経済の現状を分析するうえでの理論的な拠りどころにしたい。

① 産出高および雇用水準の決定

これは通常の教科書で教えるように、有効需要が所得水準および雇用量の決定を説明するのに用いられるケースである。わが国の経済は八〇年代をつうじてほぼ七％を超える高成長率を保ってきたが、九二年以降一～二％に落ち込み、とくに九八年から〇一年にかけマイナス成長であった。最終消費支出も八〇年代には三～四％の伸び率を示していたのが、九〇年代には平均一・二％まで減少している。企業の設備投資は九八年の一三・二％増を除き、ほぼ〇・八％台からマイナス一一％台

図表 1-1　GDP の項目別寄与度

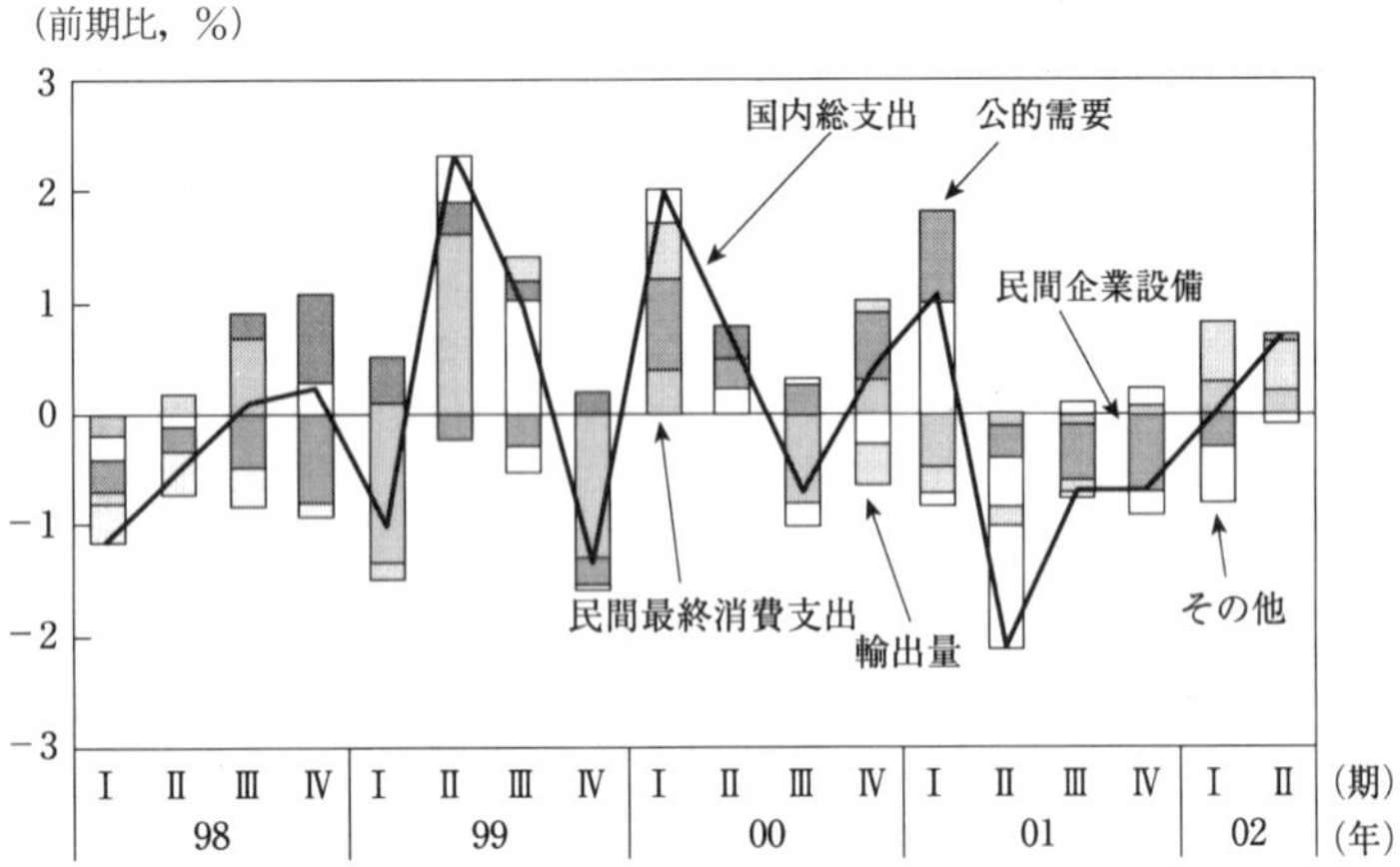

「国民経済計算」により作成.

へと大幅に落ち込んでいる。設備投資の激減による停滞の色彩が濃い。その結果、完全失業率は五%台近傍で高どまりがつづいてきた。

それぞれの需要項目がどれだけ成長に貢献したか、百分率で示す「寄与率」をみると図表1‐1のとおりである。同図をみると、日本経済は停滞のなかでも、好・不況の循環的変動を繰り返していることがわかる。その変動の主役が時によって消費であったり、輸出や公共投資であったりすることが読みとれる。

しかしながら、こうした需要項目別分析は、ごく平面的かつ静学的シェーマによって構成されていて、日本経済の趨勢的な変動を分析するには十分だとはいえないであろう。

② 資本循環の分析——投資—負の投資—取替

有効需要の原理によって示唆される第二の局面

は、所得理論から生産理論へ分析をすすめるという意味で、資本循環の分析を欠かせない。資本循環というのは、投資－負の投資－取替の反復過程である。

投資はその耐用期間をつうじて一定額のキャッシュフローを生み出すと同時に、その取替に必要な金融準備が積み立てられる。負の投資は固定資本および経営資本をいつでも販売しうる最終生産物である流動資本に転換するさいに生じる全費用を含んでいる。資本の取替費用は過去・将来の資本価値の維持および「積増し」補塡の両者からなる。積増し補塡というのは、資本使用的技術改善やインフレによる資本財価格の上昇分を含んでいる。

一九五〇年代から七〇年代にかけて、わが国はもとより、世界的に力強くしかも持続的な成長の時代であった。それは経済を固定資本設備の蓄積、持続的な資本使用的技術進歩、急速な技術改善をともなう高い設備取替率、労働の資本への代替、といった状況におく。

こうした資本循環の分析は、短期分析に主眼をおいた『一般理論』では十分に展開されていないけれども、資本の希少性理論、資本の限界効率、使用者費用の分析など、いたるところに資本循環の分析に必要な諸要因がちりばめられている。われわれはこうした素材を掘り起こし、わが国における資本循環のプロセスを分析し、過剰投資（over-investment）の現況を導出しよう。

③ 価格理論のマクロ経済的決定

価格理論をめぐって、相対立する二つの理論が考えられる。一つは、新古典派の相対実物価格

（relative real price）理論である。この理論によれば、まず実物サイドでは、すべての財貨はあたかも完全流動性をもっていて、市場での交換をつうじて財の交換比率である相対実物価格が決定される。そのうえで、貨幣サイドでは、財の総取引量と貨幣量との出会いによって、絶対価格である一般物価水準が決定される。そのさい、貨幣は、長期的には実物経済にたいして中立的であり、物価のみに影響するものと考える。この考え方からすれば、デフレはすぐれて貨幣的現象であって、マネーサプライの動きによって決まり、貨幣さえ十分に供給されれば、デフレは回避しうるということになる。平成一三年版以降の『経済財政白書』は、通称竹中「白書」と呼ばれているが、一貫してこの立場をとっている。

いま一つは、ケインズの相対貨幣的価格（relative monetary price）理論である。この理論によれば、貨幣を含む各種の実物資産および金融資産は、さまざまな程度で多かれ少なかれ流動性を保有して、価値貯蔵物の連続体（continuum）を構成している。たとえば土地や家屋といった資産が小さな流動性プレミアムしかもたず、当該資産の貨幣価格に影響を与えないとしても、貨幣の流動性プレミアムがその資産の価値に影響を与えることができる。

この考え方からすれば、デフレは各種資本資産の貨幣的相対価格の変化から生じる現象である。吉野俊彦（二〇〇二）の定義によれば、デフレとは、企業収益の減少、個人消費の停滞といったフロー面と株価、地価の暴落、銀行の不良債権といったストック面の、両面において悪循環が進行していく、継続的な物価下落ということになる。

こうした二つの相対価格理論の対比からえられる教訓は、市場で成立する価格は貨幣価格であって、たんなる名目価格ないし絶対価格ではないということである。すでに論じたように、ともすればケインズ理論はマクロの数量調整モデルで、価格調整モデルではないと理解されがちであった。われわれはすでに現物－先物価格による有効需要の別表現についてふれてきたが、こうした考えをさらに発展させて、第3章において現在わが国が直面している深刻な負債デフレーションを解明する。

日本経済は、持続的な物価下落がつづく、緩やかなデフレ状態にある。消費者物価指数（CPI）は九九年以降前年割れしており、九九年が前年比〇・〇％、二〇〇〇年が同マイナス〇・四％、〇一年は同マイナス〇・九％となっている。消費者物価が前年度の水準を下回るのは九九年一〇月以来、四八カ月連続で、丸四年の間下落がつづいたことになる。さらに、一国の経済活動全般の物価水準を示すGDPデフレーターでみた場合は、九〇年代半ば以降緩やかなデフレの状態にある。二〇〇〇年で前年比マイナス一・六％、〇一年前半でマイナス一・一％となっている。このような状態は、戦後の他の先進諸国では例をみない、わが国が最初のケースである。

④ 貨幣経済における適応調節の理論

有効需要の原理によって示唆される第四の局面は、貨幣経済における調整メカニズムである。もともとある分析手法が、一つの分析システムとして、経済社会の動きをなんらかの意味で統括的にとらえるためには、経済組織についての「適応調節の理論」を必要とする。伝統的なミクロ経済理論においては、それは「価格の調整機能」の分析であった。一般的にミクロの価格分析では、価格のパラメーター機能を媒介として、一方に個々の経済主体の行動の理論を導出するとともに、他方それを経済主体の相互交渉の場としての市場の理論に統括する。これとは対照的に、ケインズのマクロ理論では、所得の変動をつうじる多様なレベルでの均衡点に到達するものとごく短絡的に考えられてきた。

しかしながら、われわれが市場の内部構造を分析しようとするとき、価格分析の手法が必要とされることも事実であろう。とりわけ、われわれのミクロとマクロの交渉を重視する視点からは価格理論を必要とする。前項の相対貨幣的価格理論が体系的に展開されたあかつきには、伝統的な価格理論とはまったく異なった「適応調節の理論」を打ち立てることができるであろう。

現在の日本経済は、世界で過去にその例をみない「流動性の罠」に陥っている。どうしてこのような異常事態にはまりこんだのだろうか、負の調節メカニズムが解明されなければならないであろう。

第2章　過剰投資不況の理論と現実

1　なぜ資本循環の分析が必要か

ケインズにみる資本理論の革新

日本経済は、バブル崩壊後十数年にわたってスタグフレーションに陥っている。いかに巨大なバブルだったとはいえ、いったいどうして、いちどだけのバブルの崩壊がかくも長期にわたるスタグネーションをもたらしたのだろうか。いったいどうして、これまでわが国経済のダイナミズムを支えてきた資本蓄積への衝動がその弾みを失って萎えてしまったのだろうか。まずスタグネーションの解明からはじめよう。

しばしば見過ごされてきたことだが、ケインズの『一般理論』は「古典的」資本理論にたいする革新をも意図するものであった。二〇世紀初頭において大きな影響力をもっていた、K・ヴィクセルの貨幣的理論はその分析の基礎として自らの資本理論に依拠している。このことは彼の「自然利子率」概念のなかに具体的に展開されていた。ケインズによるこの自然利子率の否定は、近代の資本理論にとって基本的な分析上の意味をもっている。というのも、それはケインズの分析枠組みにおける主要な独立変数としての資本の限界効率ならびに貨幣利子率の説明につながり、この二つの独立変数はその他の要因と組み合わされて、順次有効需要の原理の分析的基礎を提供するからである。ケインズによる「自然利子率」概念にたいする批判は次の三点に要約される。

① 借入と貸出があたかも財貨（in kind）でなされるような、実物利子率および貨幣利子率は貨幣的生産経済には不向きである。

② 各雇用水準のもとで異なる自然利子率が成立するから、唯一の自然利子率という考えは成立しない。

③ 資本の希少性理論の立場から、資本の限界生産力がポジティブであっても、資本の限界効率はネガティブになりうる。

この資本理論をめぐる諸問題にかんしては、のちに「インフレターゲット政策」の理論的誤りを論じるさいにもう一度とりあげよう。

すでに第1章で考察したように、ケインズ方法論の特徴は将来が現在の意思決定にもたらす影響によって引き起こされるダイナミックな世界であった。こうした現在と将来を結ぶ連結環の一つとして、資本設備が位置づけられている。ケインズによれば、「今日の雇用は今日の資本設備に結びついた今日の期待によって支配され」、そのため「経済の将来が現在に結びつけられているのは、耐久設備が存在する」（JMK, VII, p. 146）からである。こうして資本理論が彼の理論的な革新の中核に据えられる。一般には、ケインズ理論は資本設備を一定としたうえで、所得循環のみを分析した一回限りの変化をあつかったものだと解釈されてきた。ケインズが資本設備を所与変数として理論を構成したのは確かである。だが、それは一九二〇～三〇年代にかけての世界恐慌のなかで、厖大な遊休設備の存在する状態を背景に、所得決定理論を組み立てるうえでの、やむをえない単純化であった。それはそうだが、『一般理論』には資本理論にとって必要な投資、負の投資さらに更新投資といった諸要因がいたるところにちりばめられていて、これを理論のなかに組み込むことは容易であろう。

ケインズ・プロジェクトの課題の一つは、これらの諸要因を資本循環――投資－負の投資－更新投資――のプロセスとして統一的に把握することにある。そうしたケインズ理論の深化とともに、それを日本経済の分析に適応することにある。というのも、わが国の現況は、まさにこうした資本循環が行き詰まって、過剰投資不況に陥った状況のただなかにあるからだ。

日本経済に醸成されてきた内在矛盾

現在の日本経済がおかれているスタグネーションの状況を把握するために、その背景となった高度成長期の動向を振り返っておこう。一九五五年から七〇年にかけて、わが国の経済はいわゆる神

図表2-1　設備投資の長期推移

(資料) 「法人企業統計年報」.

武景気(五五年から三一カ月)、岩戸景気(五九年から四二カ月)、いざなぎ景気(六六年から五七カ月)と好景気がつづき、実質成長率は年平均一〇%にも達した。図表2-1から読みとれるように、その推進力となったのが設備投資であり、民間設備投資の対GDP比率は二〇%を超える水準であった。しかも当時の投資水準の高さもさることながら、それは技術革新をともなう変革であった。香西(二〇〇一)の主張するように、エネルギー(電力・石油)革命と資源転換を基礎とし、鉄鋼をはじめとして耐久消費財にいたる技術革命波及のプロセスであった。

こうした高度成長期を経て日本経済は大きく発展し、国民生活が豊かになったことは事実であろう。しかしながら、高度成長が終わりをむかえた一九七〇年代から八〇年代の前半にかけて、日本経済の構造変化をうながすさまざまな出来事が生じていたことを忘れてはならない。

一九七一年八月一五日、ニクソン大統領は突如としてドル防衛策を発表した。その内容は金・ドルの兌換停止、日本やドイツなどの貿易黒字国にたいする為替レートの切り上げと一〇%の輸入課徴金を賦課することを柱とするものであった。この措置は、これまでの固定相場制から変動相場制への移行をうながし、世界の自由貿易制度を大きく変えた。その結果、それまで固定相場制の有利さを享受してきた日本の産業構造を大きく揺り動かすことになった。

七三年および七八年の二次にわたるオイル・ショックもいまだに記憶に新しい出来事であった。第四次中東紛争をきっかけに、OPEC加盟諸国は原油価格の三倍を超える値上げとその生産削減を発表した。わが国は原油の九八%を輸入にたよっているから、産業への影響は大きく、大幅な製造原価の上昇による新価格体系に移行せざるをえなかった。店頭にみちあふれていたあらゆる商品が姿を消し、トイレットペーパー騒動が話題になったことであった。

八五年九月の先進五カ国蔵相・中央銀行総裁会議における「プラザ合意」は歴史的転換点ともいうべき出来事であった。この会議では、第一に先進国間の為替調整によってドルのソフトランディングを図ること、第二に日独が内需拡大策をとって世界経済を牽引することが合意された。実際には、日本経済はプラザ合意にもとづく円高不況を短期間のうちに克服し、なおも成長をつづけた。それと同時に、こうした要請にもとづく内需拡大政策が八〇年代後半のバブル発生の遠因になったことは疑うべくもない事実であろう。

いまにして思えば、こうした世界的な出来事は、日本経済の在り方をあらためて問い質す絶好の機会であったといってよい。わが国の「工業化」がGDPを世界第二位まで押し上げ、国民生活の繁栄をもたらした反面で、すでにおおくの内在的矛盾を孕んでいた証左だったからである。堤（一九九七）は、佐和との対談のなかでこんな疑念を投げかけている。工業化が人間にとって幸福を約束した時期と、いつのころからか資本にとって幸福を約束して人間にとっての幸福は二の次になった時期との、目にみえない転換点をわれわれは通過してきてしまったのではないか、と。

こうした歴史的な経緯をふまえて、八〇年代後半の平成景気にともなうバブルの醸成とその崩壊、さらにはそのごのデフレにいたる日本経済の分析にすすむことにしよう。

2 八〇年代後半以降の企業の設備投資行動

景気循環運動と趨勢的な落ち込みとの識別

よく知られたことだが、経済のうごきにはなんらかの程度で周期的な循環的運動がみられるものだ。循環的運動というのは、いちど始まった上昇傾向および下降傾向がいつまでも同じ方向を持続するのではなく、結局は逆転するものだということを意味する。それに加えて、上昇運動および下降運動の時間的順序と持続になんらかの認められる程度の規則性が存在することをも意味している。

一九八五年のプラザ合意から二〇〇〇年にかけて、さきの図表2-1からもうかがえるように、三つの循環局面がみられた。第一局面は八六年末から九一年初頭にかけての拡張期と、九一年から九三年にいたる後退期である。前者の平成景気は五一カ月にもおよび、いざなぎ景気とその長さを競うほどであった。その過程でバブルが生成し、九二年以降その崩壊の時期にいたる。第二局面は九三年末から九七年央の上昇局面とその下降局面である。とりわけ、九六～九七年にかけIT供給産業およびIT利用産業の機械受注額が全産業の二〇～三〇％にもおよんだ。九八年度版『経済白書』などでは、内需主導型成長の実現などと成長の再来を囃したてたことであった。第三の局面は九九～二〇〇〇年の史上最短の好況をふくむ循環局面であった。さらに、現在では〇三年から引き続いた好況局面が注目されている。

こうした景気循環の実際のケースはきわめて複雑であり、さまざまな要因が相互にからみあって生じるものである。しかしながら、景気循環にみられるある種の、たとえば三年ないし五年周期という習慣的な規則性は、その理由を耐久資産の寿命の長さにもとづく資本ストック調整、および余剰在庫の持越費用による在庫調整にもとめることができよう。

しかしながら、こうした標準的な循環的運動は、もし時代の特徴が変われば、たんなる循環運動から趨勢的変動に変質されてしまう。時代の特徴というのは、たとえば人口増加の時代から人口減少の時代への移行、イノベーションの大きなうねりへの移行、さらにはついに過剰投資の状態に陥った事態などいろいろのケースが考えられる。事実、バブル崩壊後の日本経済は、好・不況四つの循環運動を繰り返しながらも、中長期的にみれば趨勢的に長期のスタグネーションに落ち込んでいるとみてよいのだ。

急低下する資本収益率と設備投資

事実、八〇年代後半の平成景気以降の十数年余にわたる日本経済は趨勢的な下降をつづけている。経済を動かす要因はさまざまだが、そのなかで突然の激しい変動をもっともうけやすい要因を「原因のそのまた原因」とみなすのが、複合組織においては普通である。そうだとすると、現下のデフレの根源をたどれば、もっとも浮動しやすい投資とその決定因である資本の限界効率に行きあたる。そこでまずわが国の製造業の資本収益率と設備投資の動きをみてみよう。

図表2-2からただちに明らかなように、資本収益率は、不規則な蛇行を描きながらも、九%を超える水準から五%以下へと趨勢的に急降下しており、それとパラレルに設備投資/資本ストック比率も三〇%を超える高さから一五%程度の水準まで半減している。経験的にみて、資本収益率は製造業では五%、非製造業では二%という水準が、設備投資増減にかんする閾値だとみられているから、製造業ではすでに採算割れに近い状態に達しているとみてよいであろう。二〇〇〇年後半以降は投資採算がやや上昇したものの、〇一年にはふたたび閾値を割り込み、設備投資も〇一年以降減少傾向にある。

これまで設備主導の経済成長をひたすら走りつづけてきた日本経済が、おおきな転換期にさしかかったのであろう。この章の分析目的は、こうした資本収益率の低下とそれにともなう設備投資の

図表 2-2　製造業の収益率と設備投資

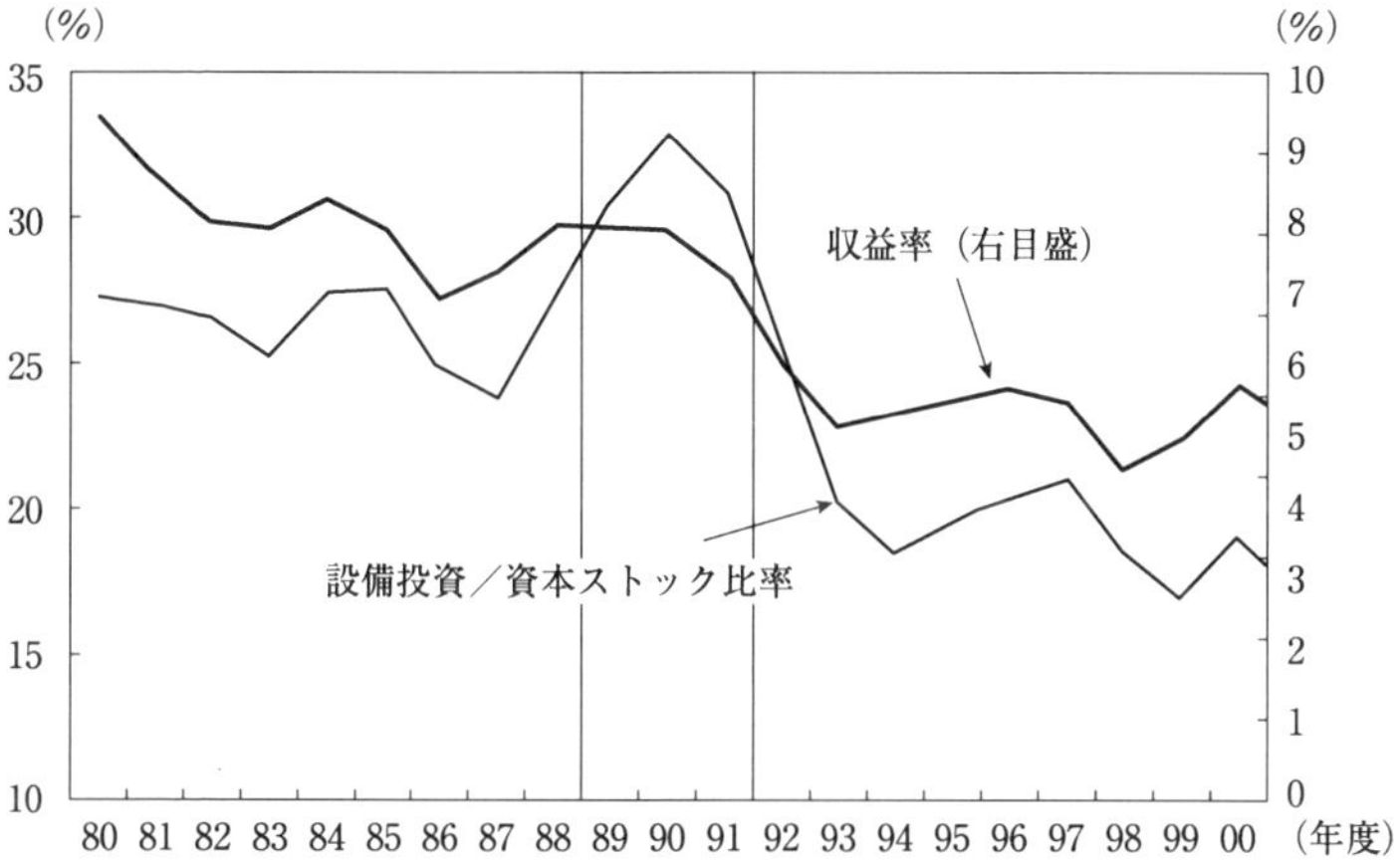

（資料）　財務省「法人企業統計年報」により作成.
設備投資／資本ストック比率＝設備投資額／(建設仮勘定＋その他有形固定資産の期首残高)
収益率＝(経常収益＋支払利息割引率)／期末総資産

減少の実態ならびにその原因をより実態にそくして究明することにある。

ここで資本収益率は利払いまえ経常利益／総資本（ROA）として定義されている。総資産（分母）は有形固定資産（土地を除く）の伸びを中心に年々大幅に増加している。これに対して経常収益（分子）は売上げの伸び止まりによって減少している。その結果、資本収益率は減少の一途をたどっている。

こうした動向からみて、日本企業の設備投資行動にある種の変化が生じたことがうかがわれる。八〇年代の中頃まで、日本経済の成功の鍵が長期的視野にもとづく設備投資にあり、その長期的な視点はいわゆる「日本的経営」にあるとして、とくにアメリカの学者たちから高い関心がよせられていた。盛田（一九九二）がいち早く指摘したことだが、日本企業は大量に作った製品の販売先を確保するため、利益を犠牲にすることを覚悟で価格を引き下げてまで売上げを伸ばし、マーケット・シェア拡大に成功してきた。しかし、こうした一途なマーケット・シェア拡大戦略がもはや限界にたっし、企業は自らの期待される資本の限界効率にしたがって設備投資を行わざるをえない状況になってきた。

それではいったい企業の期待収益はどのような要因によって決まるのであろうか。それは一部分は既存の事実に、一部分は予想しうる将来の出来事に依存する。周知のように、こうした要因はケインズ『一般理論』第一二章「長期期待の状態」において詳しく分析されている。前者には、資本資産の現存ストックと、企業の生産する財貨にたいする現存消費者需要の強さなどがあげられる。後者の具体的なものとして、①資本資産ストックの類型や数量の将来の変化、②消費者の嗜好の将来の変化、③その投資物件の存続期間における時々の有効需要の強さ、④その存続期間に起こるかもしれない賃金単位の変化があげられている。

重要なことは、企業者が予想収益を推定するさいに依拠しなければならない知識の基礎が極端に当てにならないことである。投資物件の数年後における収益を規定する要因について、われわれの知識は通常きわめて乏しく、しばしば無視しうるほどである。もし「市場の失敗」といわれるものがあるとすれば、それは将来の投資収益にかんするいかなる情報もあたえ得ないことであろう。平成バブル期にみられた巨額の設備投資と崩壊後の急速な落ち込みは、企業者たちがこれら長期期待

図表 2-3　資本係数の長期推移

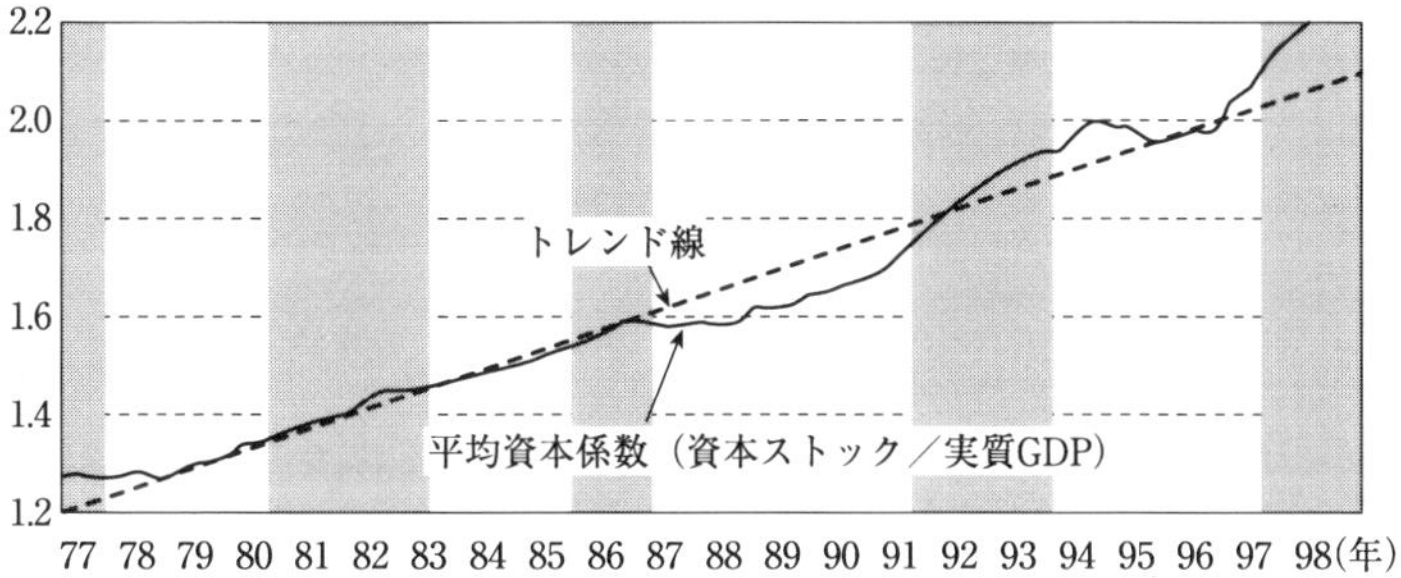

（資料）「法人企業統計年報」.

にかかわる諸要因を見誤った結果生じたものといえよう。

資本係数の上昇トレンドと過剰資本ストック

わが国企業の資本係数（資本ストック／実質ＧＤＰ）は、図表２‐３にみられるように、中長期的に上昇トレンドを示している。右の定義式から明らかなように、資本係数の上昇は、ＧＤＰの伸び以上に、資本ストックが伸びていることを意味している。われわれは前項で設備投資の長期にわたる低下傾向をみてきたので、資本係数の上昇は一見すると奇異にみえるかもしれないが、そうではない。資本ストックの伸びは、その伸びの源泉である設備投資の水準に依存する。つまり、設備投資の水準が高ければ、その伸びがたとえマイナスに低下して、新規の資本ストック追加分が大きくなるので、資本ストックの伸びは高くなるのである。これはわが国の九〇年代にみられたことだが、先進国が一時的に不況に落ち込んでも、時がたてば成長する理由でもある。いっぽう実質ＧＤＰが九二年から急激に落ち込んだことは周知の事実であろう。ＧＤＰは八〇年代をつうじて四・二％の中成長を遂げたが、九〇年代は一・三％と低成長にとどまった。

こうしたことを踏まえて、資本係数の動きをみてみよう。八七〜九一年かけて、資本ストックの伸びよりもGDPの成長率が高く、資本係数は低下している。九二〜九六年および九七〜九八年には資本ストックの伸びの低下よりも成長率の伸びがマイナスとなり、資本係数は上昇した。このように、資本係数の短期的な変動は景気落ち込みを反映したものであって、GDPの変動によるところが大きい。しかし、景気の低迷によって過剰資本ストックが発生したことも否定できない。資本係数の趨勢線からの上向きの乖離はそれだけ過剰設備が発生したことを意味している。九二年からのトレンド線からの乖離は約三五兆円の過剰設備、九七年度からの大幅な乖離は約六五兆円の過剰設備によって発生したものと推定されている。

より重要なことは、資本係数の短期の動きではなくて、中長期的な上昇トレンドであろう。アメリカやドイツでは、八〇年代から九〇年代にかけて、資本係数はほぼコンスタントに推移している。これにたいして日本では二〜三％の上昇トレンドを示している。資本係数の上昇は、一定のGDPの生産に要する資本量の増加を意味するから、資本係数の長期的な上昇はやがて経済の供給サイドを制約し、成長力の抑制要因となるであろう。

長期にわたる稼働率の低下傾向

これまでの資本係数の分析は稼働率が正常水準にあることを前提として論じられてきた。しかし、

図表 2-4　製造業の稼働率指数

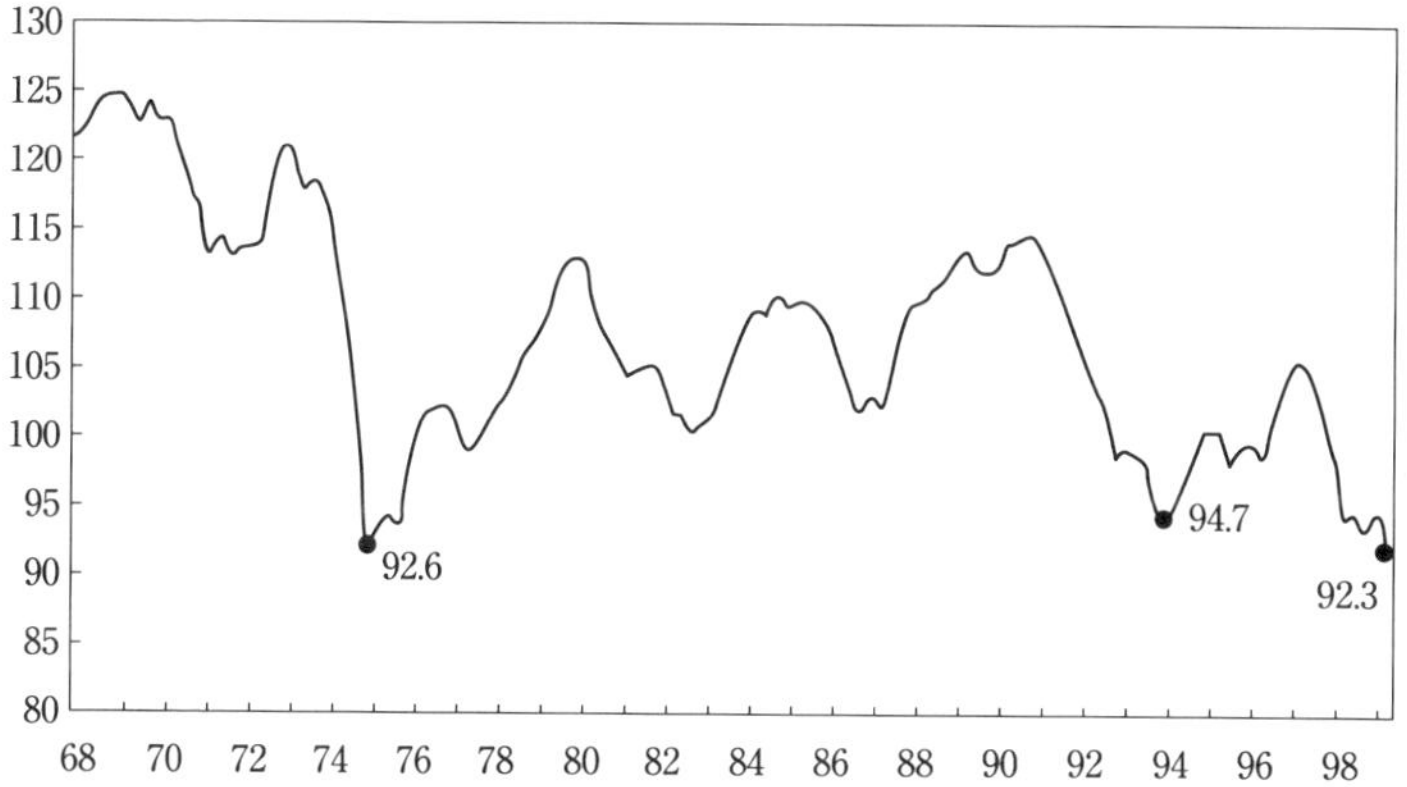

（資料）　通産省（旧）「通算統計」.

資本係数は資本ストックとGDPとの比率であるから、資本ストックの稼働の状態によって係数の数値は左右されるであろう。図表2-4は八〇年代以降の国内製造業の稼働率の動きを示したものである。

製造工業の稼働率は、設備投資の動向とほぼパラレルに変動することが経験的に知られている。どの景気の山と谷をみても、両者のあいだには密接な相関がみられる。すなわち稼働率の上昇におうじて設備投資が盛り上がり、その低下とともに投資も減少している。ただし、九五～九七年には稼働率が必ずしも十分に回復していないにもかかわらず、設備投資が盛り上がっている。この時期には情報化投資が急速に増大したので、既存産業の稼働率の落ち込みが情報産業の稼働率の上昇によってカバーされたものとみてよい。こうした特定の事情を除けば、バブル崩壊後の製造業の稼働率は、全体として七〇～八〇年代の平均より低い水準で推移している。とくに九四年には九四・七%、九九

図表2-5　産業別ROAのスカイライン・グラフ

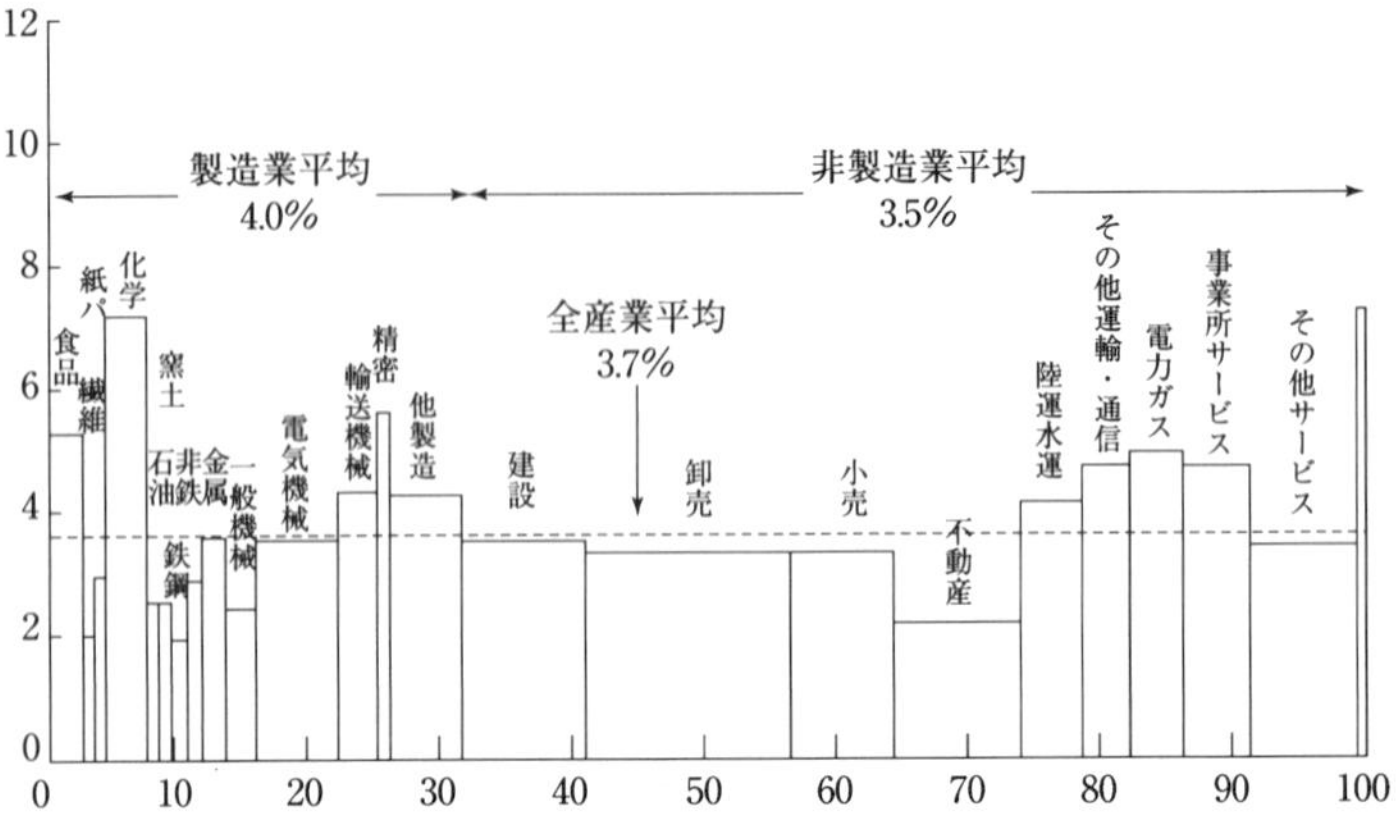

（資料）　日本政策投資銀行「調査」No. 30（Dec. 2001）.

年九二・三%と大幅に落ち込んでいる。

さらに、二〇〇〇年以降の景気の落ち込みは稼働率のいっそうの低下をもたらしている。経済産業省が発表した〇一年の国内製造業の稼働率指数（九五年＝一〇〇）は前年より九・六%低い九二・四%まで低下し、六八年に統計を取り始めて以来、過去最低だったオイル・ショック後の七五年の九三・六を下回る水準にまで落ち込んだ。こうした稼働率の低下は、生産設備がバブル期に積み増されたこともあって、短期的には総需要の低迷がその主因とみられるが、その趨勢的な低下からみて、その背後には過剰設備があることは否定すべくもない事実であろう。

産業間の資本収益率と設備投資

これまで製造業全体の資本収益率の低下にともなう設備投資の減少や過剰設備の発生についてみてきた。こうした全体の動きを再確認しながら、さらに産業間それぞれの相対的優位性がどのように変化しているか、その動向を考察することにしよう。日本政策投資銀行はかねてより精力的に設備投資の実証分析を試みてきたが、同行の「調査」において、産業間の資本収益率（ＲＯＡ）の長期低下傾向について、以下のようなきわめて興味深い分析を試みている。

図表2-5のスカイライン・グラフは、九九年度のマクロ的な資本収益率低下の背景を、産業別にとらえたものである。

同図表からさまざまなことを視覚的に読みとることができる。まず、全産業に占める製造業と非製造業の構成比率は三〇対七〇であり、その平均ＲＯＡは三・七％まで低下している。その間に製造業は四％、非製造業では三・五％へと、いずれも急減している。ちなみに、九〇年度全産業平均六・八％、製造業八・〇％、非製造業六・二％であったから、わが国企業のＲＯＡの低落ぶりは目をおおうばかりである。しかも九〇年代以降のマクロ的なＲＯＡ低下の原因は、いわゆる「負け組」と称される特定産業だけの不振ではなくて、全産業にわたる地盤沈下にあったと考えられる。この点を同リポートは次のように分析している。スカイライン・グラフに表された産業間の相対的優位性の変化をみてみると、九〇年度には、平成景気における建設需要増加の追い風を受けた金属製品や鉄鋼の健闘が目立っていたが、九〇年代には大幅に低下し、機械産業もきびしい国際競争力のなか、引き続き低下した。この結果、九九年度の状況をみると、九〇年代の低下幅の小さかった化学や食品の相対的地位が向上し、一方で製造業の牽引役とのイメージがある機械産業は、精密機械・

輸送機械が製造業平均を上回っているものの、電気機械、一般機械は平均を下回っており、全体として収益性の面では意外に振るわないことがわかる。

しかも、製造業においてROAが平均を上回る業種の数をみると、九〇年度の一四業種中二業種から漸減傾向をたどり、九九年度には食品、化学、精密機械、輸送機械、その他業種の五業種のみとなっており、相対的な「勝ち組」ですら徐々に姿を消していくなかでの、わずかな格差であった。このようにROAの長期低下傾向からうかがえるように、産業レベルではもとより、企業レベルでみても収益機会創出の動きは停滞しており、全体として地盤沈下がすすむ大きなトレンドによって支配されていることが理解される。

3 負の投資および設備の更新

現在と将来の連結環としての使用者費用

資本循環の第二の構成要素である負の投資の分析にすすもう。すでに触れたことだが、負の投資というのは固定資本、経営資本および流動資本をいつでも販売可能な最終生産物に価値移転することから生じた全費用を含むものである。したがって、企業者はこの生産物への価値移転にともなう資本財の消耗部分を生産費に計上し、売上金額から控除して、その償却に充てなければならない。

このような資本ストックの使用にともなう諸費用は、企業の資本勘定のバランスを維持する必要上生じるものである。資本の使用と時間の経過にともなう設備の価値減価がバランスシートの一方に記入されるとき、複式簿記では資本更新のために留保された金融準備が他方に記入されなければならない。これらの費用を補うのに必要な金融準備は産出物の総売上金額から控除されて、当該設備の存続期間をつうじて蓄積される。この金融準備は二つの要素からなる。

① 資本財の全更新費用（the full costs of replacement）

② 「積み増し」更新費用（replacement 'overload'）

このように金融準備は資本設備の予想される全費用を表しており、単純な取得原価主義にもとづく会計上の計算よりはるかに多額であって、資本価値の維持を確実にするという意味での償却額をはるかに超えている。まず第一要素は、過去に蓄積された資本価値を十分に保証し、さらに将来に設備の期待価値をも損なわないよう設備の更新を保証するものでなければならない。さらに第一の「積み増し」更新費用というのは、新規設備の価格のいかなる上昇をも充たすよう、期待更新費用に増補されるものである。この増補分は、最新技術の資本使用的改善やインフレによる価格上昇をもカバーすることを意図するものである。

この負の投資費用は、実質上ケインズの使用者費用および維持費用と呼んだものに相応する。使用者費用は産出物を生産するために設備の稼働によって生じる減価を表す。維持費用というのは資本ストックの生産能力の維持と結びついており、それは修繕費や在庫の持越費用、さらには技術上の陳腐化を防ぐ費用などを含んでいる。

ケインズは『一般理論』における主たる理論上の革新が「使用者費用という概念と資本の限界効率の導入」(JMK, VII, p. 146)にあると考えていた。そのわけは、これら二つの概念が彼の方法論の本質ともいうべき将来の状態にかんする期待が現在の価格に与える重要性をよりいっそう明確にする要因だからである。このことについてはわが国企業の負の投資(キャッシュフロー)の実態を明らかにしたうえで、もう一度とりあげることにしよう。

粗投資のもう一方の半分

これまで考察してきた設備投資の分析は、設備投資全体を表す粗投資を念頭におくものであった。現在の資本ストックに新たに付け加えられる純投資と、過去の設備が陳腐化するにともなってその投資を維持・更新するための更新投資とを明確に区別することなく論じてきた。粗投資＝純投資＋更新投資である。ここでは資本循環の視点から、更新投資に注目してその実態と役割について考えてみよう。

わが国の経済統計には更新投資を計る数値が示されておらず、設備の除去額を更新投資額とみなすのが通例となっている。まず、除却率(純除却額／資本ストック)をみると、九一年の四・七％から二〇〇〇年の三・八％まで年々低下している。これは企業が設備過剰感を高めるなかで設備投資を抑制し、それにともなう設備の保有年数が長期化したことによるものである。このように新規の設備投資が伸びないのに加えて、除却率も低下しているため、設備の老朽化がすすんでいる。設

図表 2-6　更新投資と純投資（全産業）

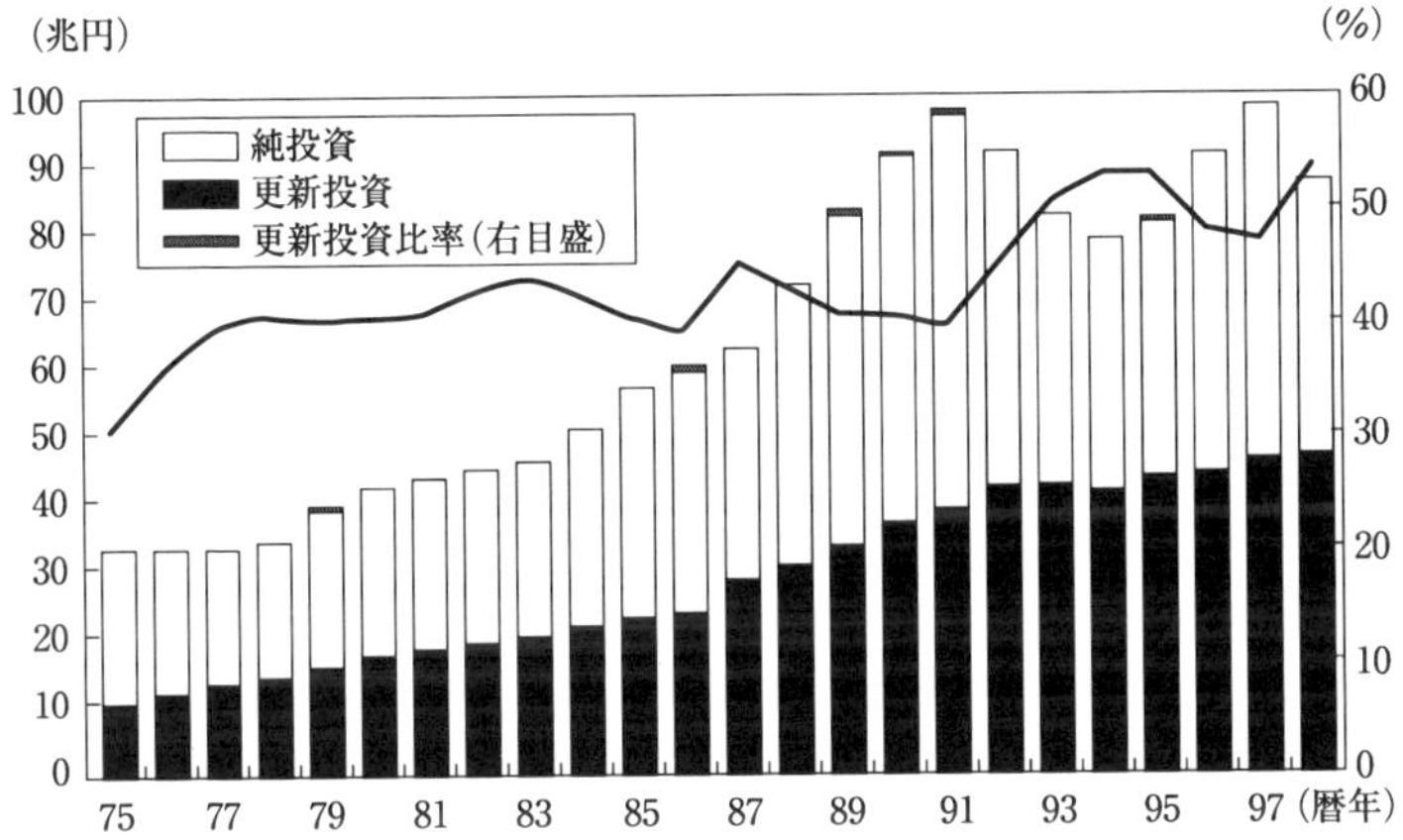

（資料）　経済企画庁（旧）「民間企業資本ストック」.

備のビンテージ（設備の平均的な経過年数）の推移をみると、八〇年代はおおむね横ばいであったのが、九〇年代に入って上昇し、現在では製造業平均はほぼ一一年である。このことから、設備の老朽化にともなう生産性の低下が懸念されよう。

このように設備の廃棄が十分でないなかで、更新投資比率は上昇傾向にある。図表2-6は更新投資とその比率を表したものである。この図から明らかなように、粗投資に占める更新投資額は年々増加の一途をたどり五〇兆円にも達しようとしており、その比率は粗投資の五〇％を超えている。まさに更新投資は粗投資のもう一方の半分である。

ここで、さきに課題として残しておいた使用者費用に話をもどし、それがどのような意味で重視されたかを考えてみよう。ケインズが資本の限界効率とともに使用者費用を「革新」の中核に据えたのは、それらが現在と将来との連結環の役割をはたすからであった。資本の限界効率の重要性についてはすでに論じたので、ここでは使用者費用について考えてみよう。

使用者費用は「維持および改善のための費用を考慮にいれて、設備を使用しなかった場合に比べて使用したために生じた設備の価値の減少分」と定義されている。このように使用者費用は資本の費消を表すから、その費用を保有するということは、将来に獲得されるであろう期待収益を欲しようとするからであり、それを使用するという決定はこうした将来の期待収益を実現する可能性を取り除くであろう。J・A・クレーゲル（一九九八）がかねてから主張することだが、使用者費用というのは、資本設備を現在「使用」せずに、一定の将来期日までその使用を延期し、後日稼得されるであろう追加的な資本の限界効率が現在の価値を上回るならば、設備を使用する権利を保留することを意味している。ちょうど、通貨のコール・オプション（call option）が、一定の将来期日において保有者の意図した「行使価格」で当該通貨を買う権利（義務はない）を与えるのと同じことである。例をあげると、行使価格一一〇〇円で現在価格が二〇〇〇円だとすると、行使価格と市場価格の差であるペイオフは九〇〇円ということになる。だから、使用者費用は企業者の期待収益率（いわば行使価格）が満たされる時に使用するための費用であって、ある種の先物価格の役割をはたすのである。

この更新投資の役割を高度成長期と現在のスタグネーション期と対比しながら、もう少し実際にそくして掘り下げてみよう。

企業部門の厖大な資金余剰

高度成長期には「投資が投資を生む」といわれたように、投資が行われていること自体が、有効需要を増加して、利潤を生みだす販売の機会を創りだしてきた。企業は銀行借入に頼るだけでなく、利潤を内部留保し、それを再投資して高度成長を持続してきた。こうした投資需要の持続的な増加が、設備更新を必要とする時期についての一般的な期待に急速な変化をもたらし、使用者費用を急増させ、その結果減価償却額を累積的に増大させてきたのだ。こうした減価償却額をさらに設備更新のための資金として再投資することによって、企業は外部資金を節約しながら生産力の増大を図ったのである。これは「ローマン＝ルフチ効果」(Lohmann-Ruchti Effect) と呼ばれるものだが、企業が年々の減価償却額を継続的に再投資していけば、外部から新たな資金を導入しなくても、理論的には生産力を二倍まで拡張することができる。

こうした高度成長期と比べて、現下のスタグネーションのもとでの資金調達の仕方はあまりにも対照的で、目をみはるばかりである。図表2-7は、その変貌ぶりをさまざまな形で表している。まず、資金調達に占める借入金の比率をみてみよう。九〇年度（平成二年）には、わずかに増資および社債が含まれるとはいえ、借入金がほぼ全体の約八〇％を占めている。九一にはそれが半減し、さらに漸減しつつ、九九年からはマイナスに転じている。これとは対照的に、内部資金が年をおうごとに比重を増し、八〇～九〇％を占めるまでになっている。その大半が減価償却費によって賄われていることもうかがえる。さらに、その他剰余金などを含む企業のキャッシュフローが設備投資

図表 2-7　設備投資推移内訳と資金調達

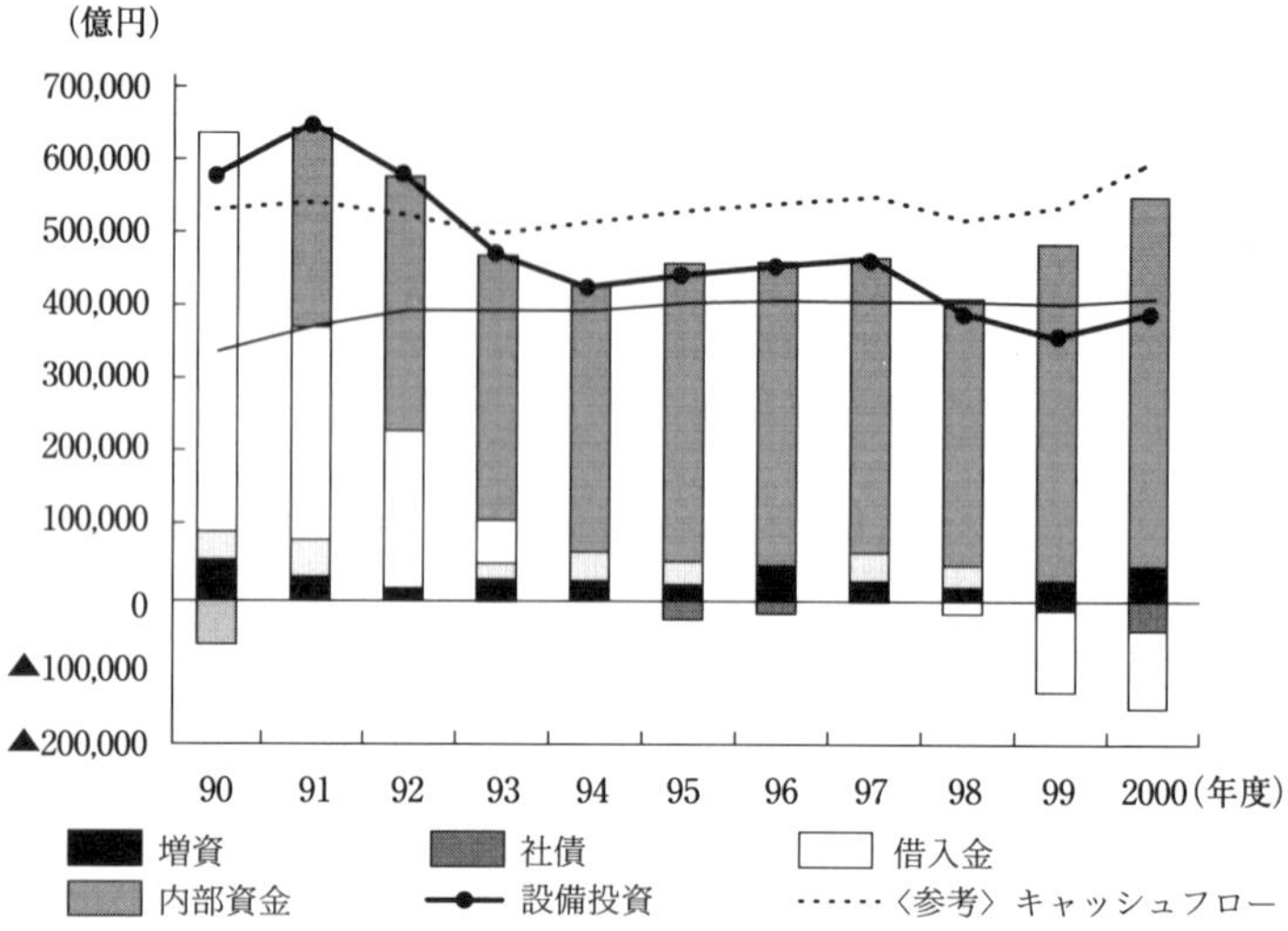

（資料）　経済産業省「経済産業統計」.

を上回っていることもきわめて特異な現象というべきであろう。

日本銀行の「資金循環勘定」をみると、これまでの通例としては、法人企業部門（および政府部門）が資金不足部門で、それを家計部門の資金余剰で補うものであった。ところが、一九九四年から企業部門は資金余剰部門に転じた。その余剰金額も九四年の一兆二四〇〇億円から、九六年の一六兆四八〇〇億円、九八年の三二兆二九〇〇億円と年々急増している。しかも、九八年の個人部門の余剰金額が二九兆一五〇〇億円であったから、企業部門の余剰金額が個人部門のそれを上回ったことになる。このように、戦後初めて法人企業部門が資金余剰部門となったが、この巨額の余剰額は過剰投資不況の深刻さをうかがわせる一つの指標とみてよいであろう。

4　深刻な過剰投資不況

国内総生産と純国民所得の「ズレの法則」

これまで分析してきた資金調達構造の変化、とりわけ減価償却費のウェイトの増大は、いったい日本経済にとってどのような含意をもつものであろうか。わが国をはじめとする成熟した資本主義経済においては、生産は厖大な資本ストックを用いて行われ、それらは順次産出物に価値移転される。したがって、一方では企業家はその消耗部分を生産費に計上し、それを売上金額から回収することによって、その償却に充てねばならない。他方においてその産出物のなかには、たんに価値が移転されるにすぎない部分が含まれることになり、その部分は現在の生産に参加した者の寄与によるものではないから、それだけでは所得とはなりえない。だから、生産に巨額の資本ストックが用いられるかぎり、生産費と分配される純所得とは同額ではなく、前者は後者よりもはるかに大きい。生産費のなかには所得勘定に属するものばかりでなく、さらに資本勘定に属するものも含まれているからである。図表2-8は、国内総生産と純国民所得のギャップを計測したものである。同表からうかがえるように、国内総生産と純国民所得とのギャップは、八〇年以降急増し、いまや二〇%に近づきつつある。

表 2-8　国内総生産と純国民所得の差額

（単位：10 億円）

	1980	1985	1990	1995	2000
国内総生産	245,546	324,289	438,867	489,249	515,477
純国民所得	199,590	260,278	345,739	380,215	418,105
減価償却額	45,956	64,011	93,1288	109,034	97,372
	(23.0)	(24.6)	(26.9)	(28.7)	(23.3)

（資料）　内閣省『国民経済計算年報』.

A・バレール（一九八八）はこうした国内総生産（GDP）と純国民所得のあいだに生じるギャップから、次のような「ズレの法則」を導き出している。

生産が増加すると、所得および消費も増加するが、所得の増加は生産の増加よりも少なく、消費の増加は所得の増加よりも少ない。

この「ズレの法則」はしばしば見過ごされがちである。そのわけは一国の成長をGDPの観点から計測することが常態化されているからである。しかしながら、こうした慣行は、現在のきびしいスタグネーションのもとで、企業の直面する過剰投資や家計の消費の落ち込みといった現実から、ともすればわれわれの目を逸らせてしまうことになる。直近に日本銀行が発表した〇三年の資金循環統計（速報）によると、家計部門はついに「赤字」部門となった。雇用環境がきびしく、所得が伸び悩む一方で、住宅ローンなどの固定経費は減らない。やむなく預貯金を取り崩す疲労ぶりが浮き彫りになった。企業の厖大な黒字と対照的だ。GDPが必ずしも国民生活そのものを表す指標ではないことに留意すべきである。

ケインズは、一国の資本設備の成長が現世代の生活水準に不釣り合いな負担をかけない率をもって飽和点に近づくことを推奨したことがある。わが国の企業成長は、むしろ現世代の生活水準に不釣り合いな負担をかける率で、過度の高蓄積を進めてきたのではないだろうか。投資というのはきわめてパラドキシカルな性質を有していて、今日の均衡を投資の増加によって確保するたびごとに、明日の均衡を確保することの困難さを大きくするのである。現在日本経済がおかれている状態は、既存の経済的な枠組みを前提とするかぎり、まさにこうした均衡の極大点に近づいたとみてよいのではなかろうか。

過剰投資の三段階と日本経済の現状

過剰投資の状態は以下のように三段階に分けて論じることができる（JMK, VII, pp. 321-4）。

① 各種資本財が著しく豊富なために、たとえ完全雇用の状態においても、存続期間をつうじて取替原価以上の収益を得ると期待される新投資が存在しない状態。

② 初めの期待を裏切ることになった投資、すなわち深刻な失業状態のもとでもはや不要となった投資。

③ どんな類型の耐久財についても、これ以上の増加からは、取替原価をこえる粗収益総額を期待することがもはや不可能な状態。

第一の過剰投資の規定は、好況の正常な特徴を示すものであって、いかなる投資増加もたんなる資源の浪費にすぎないという厳密な意味での過剰投資の状態である。新古典派の想定する完全雇用均衡を前提として、投資が生産の増加ではなくて、もっぱら物価上昇を加速させるような経済であろう。しかし、二〇世紀後半以降、戦時中を除けば、われわれが完全雇用をもたらすほど強力な好況を経験したことがあるかどうかは疑わしい。しいて事例をあげれば、平成景気にみられたように、好況に幻惑されて特定の類型の資本資産が過剰に生産され、やがてそれがバブルの発生・醸成につながり、資産ストック価格が高騰して、いかなる基準からみても、資源の浪費となったことが想起されよう。あるいは新古典派の中心概念をなす「自然失業率」がこのような事態を表しているのであろう。

第二の過剰投資の規定は、資本が豊富なために社会全体としてもはや合理的な用途を見出すことができない状態ではなく、投資が、結局失望に終わる期待によって引き起こされるために、不安定な、永続できない状態で行われる場合である。いいかえれば、好況が見当違いの投資を生み出す場合である。ここでは平成バブルの崩壊過程がその好事例にあげられよう。平成の好況時には、たとえば四%の収益をもたらす投資が、八%もの収益をもたらすという期待のもとに行われ、それに応じて評価される。ひとたび幻滅がやってくると、この期待は逆の「悲観の誤謬」によっておきかえられ、四%の収益をもたらす投資が、ゼロ以下の収益しかもたらさないと期待されるようになる。そして、その結果生ずる新投資の崩壊は、つぎに失業状態にいたる。

すでに考察したように、わが国製造業の資本収益率は五%の閾値よりもさらに凋落していることからみて、すでにこの第二の意味における過剰投資の状態に陥っているといってよいであろう。

第三の過剰投資の状態は、「完全投資」の状態と称され、特定の資本資産ではなく、どんな類型の耐久財についても、もはや取替原価を超える粗収益総額を期待することができない状態である。ケインズは、この完全投資の状態が比較的速やかに、たとえば二五年以内に到来するかもしれないと予告していた。

すでにスカイライン・グラフでみたように、わが国の製造業では八〇年以降の平均的な資本収益率が八〇年九・七％、九〇年八・〇％、九九年四・〇％と激減しているのに加えて、この平均値をこえているいわゆる「成長産業」が九業種から五業種にまで減少している。このことからみてわが国の産業は、あらたな産業育成政策の積極的な転換が試みられないかぎり、完全投資の近傍に達しつつあるのではあるまいか。

既述のように、経済のうごきには周期的な循環運動がみられるものだ。日本経済は、〇三年から〇四年にかけてその好況局面を引きついでいる。しかもバブル崩壊後にみられた九七年と二〇〇〇年の二回の回復局面に比べてはるかに力強い。平成一六年度の『経済財政白書』は「日本経済は、バブル経済後の長期停滞から脱しつつある」ことを宣言した。事実、日本銀行の短期経済観測調査（〇四年六月）によると、業況判断指数（ＤＩ）が予想を上回るテンポで引きつづきプラスに転じている。

しかしながら、〇四年度の設備投資計画をみると、大企業・製造業では前年度より七・四％増を予定しているが、大企業・非製造業は同四・一％減、中小企業は全産業で同一八・一％減で、大企業・製造業への偏りがみられる。しかもその計画はキャッシュフローを大幅に下回る水準にとどまっており、有利子負債の圧縮をはかりながら、投資効率を意識した投資行動を行っている。その結果、金融機関の企業向け貸出は、一〇年後の五二〇兆円から三九一兆円と、七六カ月連続で低迷がつづいている。

循環的な上昇局面は、遠からず下降局面に転換するものだ。現下の高度成長期をほうふつさせるような、物づくり産業を中心とする輸出主導の経済の在り方そのものが問われるべきではあるまいか。

第3章　負債デフレーションの理論と現実

1　デフレーションはたんなる貨幣的現象か

新古典派・マネタリストによるデフレの見方

日本経済は、スタグフレーションのさなかで、九〇年代半ばから国内総生産の計算に用いるGDPデフレーターが低下し、また九八年ごろから消費者物価も下がり始め、いまだに継続している。これだけ長期にわたってデフレがつづくのは、第二次大戦後の世界経済にその例をみない。平成一五年版『経済財政白書』によれば、デフレの主たる要因としていちおう需要・供給要因をあげてはいるものの、なぜデフレに陥り、かくも長期間つづくのか、その原因については必ずしもはっきり解明されないままで、貨幣的要因にのみ注目して次のように主張する。白書によると、長期的にはインフレやインフレの逆であるデフレは、マネーサプライの動きによって決まり、マネーサプライが十分供給されれば、回避しうると考えている。その理由として、長期で考えると、マネーサプライの伸びと名目GDPの伸びとが安定的な関係にあり、実際のGDPと潜在GDPが平均的に一致すると考えると、マネーサプライの伸びは主として物価の上昇率に影響をおよぼすことになるからだとする。ここでは詳しい説明するいとまがないが、傍点を付したところはマネタリズムの基本的命題であって、『白書』がごくナイーブなマネタリストの見方にたっていることをうかがわせている。

マネタリズムはインフレやデフレについてどんな考え方をするのだろうか、いま少しその主唱者であるM・フリードマンの主張を聞いてみよう。彼はA・シュヴァルツとの共著『合衆国の貨幣的歴史——一八六七〜一九六〇年』（一九六三）の第七章において、一九二九年から三三年までの三年半にもおよぶアメリカ経済の「大縮小」を次のように分析する。この時期のアメリカ経済は大幅に後退し、名目国民総生産は半減し、失業率は二五％に達するほどの恐慌に発展してしまった。しかも、景気後退が他の資本主義諸国に波及し、未曾有の世界恐慌に陥ったことはよく知られている。一般に、この恐慌は、成熟した資本主義経済の内在的な不安定性によって必然的に生み出されたものと理解されている。これにたいして、フリードマンはこの恐慌はアメリカの中央銀行である連邦準備銀行（FED）の金融政策の失敗によって偶然生み出された「金融不況」だったと主張する。FEDは、この景気後退に直面して適切な国債買いオペ政策を実施しなかったばかりか、この間に発生した銀行破綻にも「最後の貸し手」として出動せず、そのあげく貨幣量が三分の一にも減少したのを放置してしまった、誤った金融政策によって生じたものだとするのである。

フリードマンはこの著書の発刊とほぼ同時期の一九六三年に来日して、日本のインフレーションについて、大来佐武郎（経済企画庁総合開発局長＝当時）と対談したことがある（「経済往来」昭和三八年八月号）。昭和三四〜三八年というのは、池田所得倍増計画やオリンピック景気に沸き立ったころで、インフレが急進し年率六％を超える勢いであった。大来は、当時のわが国で強調されていた、生産性格差の縮小にともなうインフレを主張する。フリードマンは大来の主張をきびしく批判したうえで、「インフレはいつでもどこでもマネーサプライの急速な増大によってもたらされる」ことを繰り返し主張した。そして、ある財貨の他の財貨にたいする相対価格の問題と一般（絶対）的価格の問題とを混同してはならないと諭すのである。

実際に一九六二年から六三年にかけて、マネーサプライは三五％も増大している。とくに六二年一二月には、都市銀行の貸出の二〇％近くが日銀貸出でまかなわれ、短期日ではあったが、日銀貸出残高が日銀券発行高を上回るという異常な状況が生じたほどだった。当時の経済成長のさなかにあって、企業の厖大な設備投資→企業のオーバーボローイング→銀行のオーバーローン→日銀のマネーサプライの増加といった一連の現象から生じたインフレを、その結果であるマネーサプライの増加だけに負わすことができるかどうか疑わしい。

こうしたマネタリズムの立場から、アメリカ帰りの新古典派の経済学者たちは、こぞって現在日本の直面しているデフレが貨幣的現象だと主張する。とりわけ、竹中経済財政・金融担当相はその主唱者の一人である。

ケインジアン・プロジェクトによるデフレの見方

はたしてデフレはたんなる貨幣的現象だろうか。われわれケインジアン・プロジェクトの見方では、デフレはたんなる貨幣的現象ではなくて、経済の実体面ならびに貨幣面が複雑にからみあった構造的な現象だと考える。この章で論ずべき問題点をあらかじめ明確にしておこう。

すでに第2章で考察したように、わが国経済はバブル崩壊とともに資本循環に行き止まりがみられ、過剰投資に陥ってしまった。このことが企業の資金調達幅を大きく変え、ひいては銀行の融資の在り方にも変容をもたらした。

わが国のファイナンス構造が、長年にわたって間接金融優位の状態にあったことはよく知られている。一九七〇年代前半には、資金の流れのうち直接金融はわずか一〇%にみたず、間接金融が九〇%と圧倒的に高かった。しかも間接金融は実質的にはメインバンク制のもとで、系列企業への融資に集中していた。こうした間接金融優位の金融システムは、九〇年代初頭のバブル崩壊とともに崩れ、大手都市銀行の倒産や合併、さらには大量の不良債権を生み出して今日におよんでいる。こうした金融システムの機能不全によって、経済活動の血液ともいえる資金の流れが滞ったこともデフレを加速させた原因の一つであろう。この間の経緯は、すぐあとでH・ミンスキーの「金融不安定性仮説」をわが国の実態に適用するなかで、詳しく分析することにしよう。

ところで、デフレが継続的な物価下落の現象であるからには、なんらかの価格理論を必要とする。すでに第1章4節で予告したように、ケインジアン・プロジェクトでは新古典派の相対実物価格理論と対比される相対貨幣的価格理論を展開する。そこでは時間を含む現物市場と先物市場とが同時に存在する、生きて動いている市場（ongoing market）が分析される。現在では耐久性をもった主要な商品ならびに通貨は、こうした現物‐先物価格市場において取引されているのである。両市場において価格が決定される仕組みを明らかにしたうえで、バブル期にみられた地価や株価の変動を考察しよう。

そのさい留意しなくてはならないのは、貨幣が「M」という同一記号で表示されることから陥りがちな錯覚だ。貨幣の役割についてまったく異なる二つの立場がある。マネタリズムにおいて貨幣の働きが注目されるのは、保有する貨幣の数量である。貨幣数量の変化が流通速度Vを介して、物価へ直接に比例的な効果をあたえる。ケインズの世界ではこれとはまったく異なり、貨幣の質ともいうべき流動性が問題なのである。人々の将来の不確実性にたいする信認の度合いの変化が、貨幣保有の数量ではなく、人々をして保有しないようにするプレミアム（利子率）を変更する。物価への効果は、利子率変化の究極的な帰結のはね返りにすぎない。これこそが流動性選好理論の教えるところであって、相対貨幣的価格理論の中核をなすものである。

この章の分析目標は、以上のことを踏まえて、各種資産の相対貨幣的価格の変化をつうじて、現在わが国の企業や銀行が直面している「バランスシートの毀損」を解明することにある。ここでバランスシートの毀損というのは、すべての貸借が貨幣表示の契約によって結ばれる市場経済において、「負債」の固定化と資産価格の低落による「資産」価値の減価によって生じる不均衡のことである。もしデフレがたんなる貨幣的現象ではなくて、バランスシートの毀損にもとづくものだとすれば、デフレはきわめて深刻な事態であって、そこからの脱出は並たいていのことではない。

2　H・ミンスキーの金融不安定性仮説

資本主義的ファイナンスとはなにか

資本主義的ファイナンスが、ミクロ・レベルでの企業の成長にとっても、またマクロ・レベルの経済成長率を決定するうえでも、きわめて重要な役割を演じることはいうまでもない。

資本主義的ファイナンスの方法は、経済の発展につれていろいろの形態をとってきた。資本主義の初期のころには、個人の資金で投資する自己金融が行われていたが、やがて縁故者や友人が集まって事業に出資する合資会社や合名会社が主流となった。現在では不特定多数の人びとへの株式や社債などの証券発行による直接金融、商業銀行や貯蓄機関などによる間接金融による資金調達へと発展してきた。さらに、最近のわが国では、とりわけ大企業製造業において、投資のための資金が企業内部のキャッシュフロー――留保収益と減価償却引当金――で賄われるようになってきた。

資本主義的ファイナンスの特質は、企業が実際の生産にさきだって、貨幣的請求権――企業にとっての負債――を創出する能力を持っていることである。これによって資金を獲得した企業家は、彼らの正味資産――企業自らの貯蓄――を上回る物的資源を手に入れることができる。実際に、企業の創出する貨幣的請求権によって、資本資産の「真の」所有権ないし持分をそれら資産の直接支配から分離させることを可能にするのである。もし貨幣的請求権が存在しなければ、どの資本資産もだれか個人によって所有されなければならず、今日の資本主義経済にみられるような巨大な富の集積は不可能だったであろう。

資本主義的ファイナンスは二つの役割をもっている。一つは、ストック面であって、企業の所有する既存の資本資産のポジションをファイナンスすること、いま一つは、フロー面であって、企業の経常的な生産活動に必要な資金をファイナンスすることである。当然のことだが、これらの金融取引のさいに契約で定められた借入れの支払いが後日履行されることを必要とする。

ここで、資本資産の「ポジション」のファイナンスという微妙な表現をもちいたことに注目しよう。実物資産は一生産期間の寿命しかもたない経営資本財か、あるいは二期間以上の耐用年数をもつ固定資本財のいずれかである。ある資産が「ポジション」をとるというのは、その資産を購入し、時間をつうじて保有されるが、同時にその資産はやがて「投資回収の期日」には流動化されなければならないことを意味している。したがって、資産の「ポジション」がファイナンスされるということは、ファイナンスがストック構成と同時にフロー変数を含む、資産の流動化のプロセスとしてとらえられることを意味している。もしこの資産流動化のプロセスが滞るならば、すぐあとで考察するのだが、現在わが国にみられるように不良債権が累積し、企業のバランスシートの毀損が生じる。

もう一つのファイナンスの役割に移ろう。企業は経常的に消費財や生産財を生産するためには資金を必要とする。実際の労働契約や経営資本財の購入は、事前に準備しなければならないから、企業は生産した財を販売し、その売上金額を回収するまえに、前払いのための資金を必要とする。したがって、企業は「回転資金」として銀行から、たとえば当座貸越のような前貸しをうけ、やがてそれを売上金額から返済しなくてはならない。現在のデフレ下で、中小企業は銀行の貸し渋り、貸しはがしに苦しんでいるが、それはこうした前払いのための資金が多い。

このような二つの役割をもつ資本主義的ファイナンスが、どのように企業の投資決意に影響し、それが経済に内在的な不安定性をもたらすのか、わが国の現実を踏まえながら順をおって考察することにしよう。

ミンスキーの金融不安定性モデル

ミンスキー・モデルの特徴は、景気変動の動因として、不確実な将来の予想にもとづく投資の不安定性を重視するところにある。こうした投資プロセスが図表3-1に描かれている。わが国における八〇年代後半のバブル期にみられる実際の数値をはめ込みながら、同図にそって説明を加えよう。

投資は、金融資産市場における投資財の需要価格（P_k）と財市場における投資財の供給価格（P_I）の乖離が、資本主義的ファイナンスをつうじて連結される有効需要点（D）で決定される。投資財の需要価格（P_k）は、①長期期待収益q、②負債構造、③投資家の流動性選好l、④貨幣供給量M、⑤「借り手リスク」によって決定される。

投資財の供給価格（P_I）は、①投資財産業の供給曲線、②「貸し手リスク」に規定される。このように、ミンスキー・モデルの特色は、長期期待収益の不確実性、流動性選好の浮動性、さらに貸し手や借り手のリスクといった金融的要因にからむ不確実性を投資決定要因に組み込んだところにある。

企業の内部資金は、売上金額から租税や利子支払いを控除し、さらに債務および配当への支払いを差し引いた金額である。同図では内部資金曲線は直角双曲線（Q_1Q_2）で表されている。期待される内部資金と投資財の供給曲線（P_I）との交点によって、内部資金による投資量（I）が決定される。

こうした投資決定と資金調達の関係をわが国の実際にそくして考察しよう。すでに第2章3節で実際の数値をあげて考察したように、わが国では、とりわけ大企業・製造業の内部資金による投資は、七五年頃から八〇年代にかけて徐々に上昇し、ついに一九九四年から資金余剰部門に転じた。このように戦後はじめて企業部門が資金余剰部門となったが、この巨額の余剰額は企業の厖大な資本蓄積による高利潤を示すと同時に、現下のきびしい過剰投資不況のもとで資金が滞留していることも指摘した。

直近の〇三〜〇四年にひきつづいて、企業収益の改善を背景に、製造業の設備投資計画が輸送機械や電気機械などを中心に増大の見通しになっている。経済産業省の調査によると、全産業で前年

図表 3-1　投資決定と資金調達

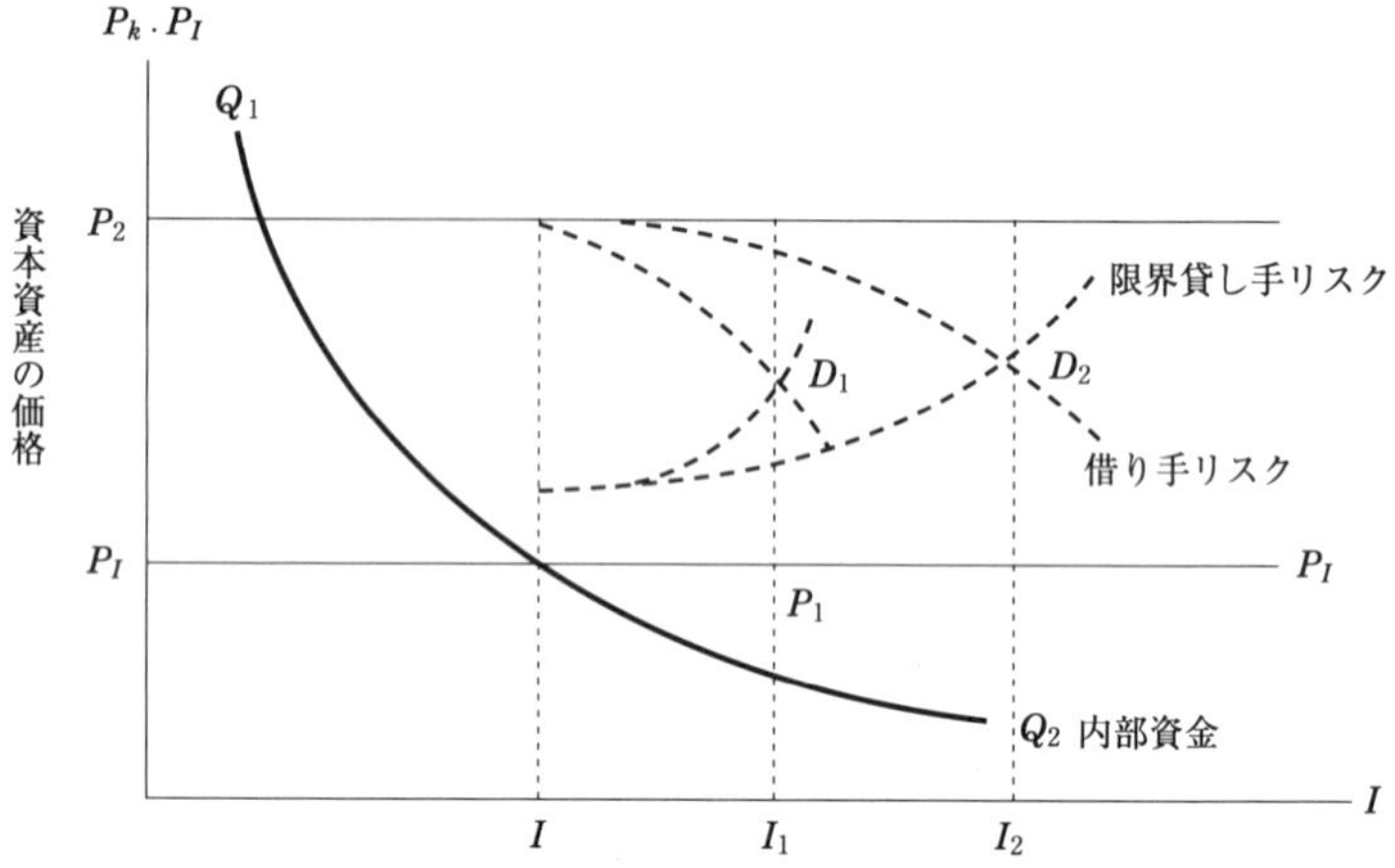

度比プラス六・七％、製造業ではプラス一七・一％の大幅な増加が見込まれている。しかし、設備投資計画はキャッシュフローを大幅に下回る水準にとどまっており、〇三～〇四年度の好況は主として循環的要因から投資が増加しているものの、底流にある国内投資抑制の姿勢はまだ根強いものとみてよいであろう。

さて、ミンスキー・モデルにもどろう。ブーム期には、長期期待収益qが上昇し、投資家たちの流動性選好lも低下するので、金融資産市場で資本資産の需要価格（P_k）が上昇する。これにたいして資本財の供給価格（P_I）は短期的には安定している。図表3‐1にみられるように、投資は、借り手リスクによって下方修正された資本資産の需要価格が限界貸し手リスクにおうじて上昇する財の供給価格に等しくなる有効需要点（D_1）まで実施される。そのとき、I_1の投資がなされ、そのうちIは内部資金で賄われ、(I_1-I)は外部金融によって調達される。

ところで、「平成景気」は五十数カ月にわたる長期の拡大をつづけ、「いざなぎ景気」とその長さを競った。その初期における主役は厖大な設備投資であったが、一九八六年以降、企業は投資資金として、大量のエクイティ関連債を発行した。転換社債は国内で発行し、ワラント債（新株引受権付社債）は海外での発行が中心であった。八六〜九〇年の間に、両者を合わせてじつに二七兆二〇〇〇億円もの大量のエクイティ債が発行された。この過程で、設備投資需要とかけ離れた多額の株式も発行され、その額は一六兆五〇〇〇億円にもおよんだ。企業が余剰調達部分を再び株式投資にまわす「財テク」が横行したのもこの頃であった。

こうした企業の資金調達行動の変化に直面して、金融機関の役割は、さし当たり有効需要点を図表のD_2まで増大させて、投資をI_2まで増加させることであろう。わが国の実態をみると、この間に銀行の貸出行動は激変した。企業の有利負債残高に占める金融機関の短期（長期）借入金は、八〇年度の八八％（七八％）から九〇年度の五五％（三一％）まで激減した。銀行は、大企業の銀行離れがいちだんと強まるなかで、借入需要の強い中小企業に融資先をむけた。全国銀行の中小企業貸出比率は、八五年の四六％から九〇年の五七％までシェアを伸ばした。さらに、銀行は不動産取得資金に積極的に融資し、系列のノンバンクを経由する貸出分を含めると、一〇〇兆円をはるかに超える巨額なものだといわれている。こうした銀行の貸出行動が、バブルの膨張に決定的な影響をあたえ、バブル崩壊後に大量の不良債権を生み出したことは、あとで詳しく論じる。

ミンスキーは負債構造をつぎの三段階に分類する。

①　健全金融――企業の利潤が金融契約を十分に履行しうる状態

②　投機的金融――利潤が金融契約を十分に満たさず、リファイナンスを必要とする状態

③　ポンツィ金融――近い将来のキャッシュフローが将来の利子支払額を満たさない状態

わが国の負債構造の変化は、まさしくミンスキーのいう負債構造の三段階をたどって次第に投機化し、経済に内在的不安定化をもたらし、ついにバブルの崩壊にいたった。そのプロセスをもう少し詳しくたどってみよう。

日本における金融不安定性仮説の現実

企業の保有する現存の資本ストックが過去の投資決意の骨格を担っているのとちょうど同じように、企業は負債構造のなかに過去の資金調達の遺物をもっている。これらの遺物は、必ず企業の利潤によって返済されなくてはならないから、経済の現況いかんによってはその処置が困難をきわめるかもしれない。だから、ひとたび負債構造が投資決定のなかに持ち込まれると、経済はそれ自体のなかに不安定性をかもしだすのだ。ミンスキーはこの経済システムにおける内在的な不安定性を「金融不安定性仮説」(financial instability hypothesis) と名づけた。わが国経済にみられた八〇年代後半以降のブームとそれにつづくバブル期は、まさにこの不安定性仮説を地で行くものだ。金融不安定性仮説と日本の現実とを二重写ししながら考察をすすめよう。

平成景気における投資拡大にともなう債務の増大は、必ずしも主要企業の負債への依存度の増加に結びついていたわけではない。さきに具体的な数値をあげて指摘したように、大企業製造業では内部金融が大幅に進展し、負債への依存度は低下した。事実、大企業製造業のバランスシートを、一九八〇年度と一九九四年度で比較してみると、「負債」のシェアは七七・九％から五九・七％に低下、うち長短借入金は三一・〇％から一六・九％へと低下している。

このシェアの低下からみて、この時期には大企業製造業では思いがけない「未利用」借入能力が大幅に増大したとみてよい。この「未利用」借入能力改善のもとで、大企業製造業は八七〜九〇年にかけて、新株やエクイティ関連債の発行、はては特金やファントラなどをもちいて、巨額の資金調達をおこなった。この投資の増大は、レヴァリッジ効果をつうじて、いっそうの利潤の増加をもたらし、資本資産の需要価格（P_k）をも押し上げた。

八九年初頭ごろには、すでに市場では「大企業製造業には高い株価上昇期待に見合った投資機会はない」と判断され、投資は頭打ちの段階にたっしていた。そこでこの企業の余裕資金が相当規模で、株式や土地投機にむけられた。当時の政府による「経済のサービス化」へのかけ声や内需振興策の影響もあって、非製造業の株価、とりわけいわゆる「三業種」の株価が軒並みに急上昇した。業種別株価指数の推移をみると、八三年を基準として八九年には不動産・建設・サービス・小売りは、ほぼ六倍の上昇率であった。それに加えて、銀行・証券株もこの間に八倍と急上昇したが、八八年以降は六倍で推移している。こうした株価の急上昇は、その後のデフレの進行につれて不良債権問題が深刻化する事態を如実に示している。

さて、これまでメインバンク制のもとで系列融資に片寄っていた銀行にとって、大企業製造業の「未利用」借入能力の増大は、ゆゆしい事態であった。銀行は旧来の貸出先の系列企業にかえて、中小企業や不動産業などへの貸出を積極化せざるをえなくなった。その実態をみると、これら業種の借入れの増加と土地投資の増加との間には、かなり密接な対応関係が観察される。一九八四年度と一九九四年度を比較してみると、中小企業非製造業（除く不動産業）の保有資産に占める土地のウェイトは、八・六％から一三・三％へ、また中小企業製造業でも七・二％から一一・三％へと上昇している。また不動産業でも、同比率は大手企業で一五・四％から一八・六％へ、中小企業ではとくに著しく一五・〇％から二四・八％へと上昇している。こうした分析は「一九八〇年代以降の企業のバランスシートの変化について」（「日本銀行月報」一九九六年七月）で詳しく考察されている。

われわれはこれまで負債構造の変化がわが国経済をして「内在的」不安定化に陥れた態様をみてきた。投資が本来きわめて可変的であるのに加えて、大企業製造業における「未利用」の借入能力の大幅な増加という負債構造の変化そのものが、わが国のメインバンク制の崩壊のみならず、経済をして金融不安定化に陥れたのである。企業は資産インフレの過程で大規模な株式・土地投資を行い、これら資産の保有を増加させたが、その後の資産価格の大幅な下落は、これら保有資産の価値の低下というかたちで、企業のバランスシートを毀損させた。まさしくミンスキーの主張する金融不安定化に陥ったのである。

これまでの議論を要約しておこう。新古典派の学者たちは、デフレをたんなる貨幣的現象とみなすから、ひたすら日銀にマネーサプライの増加を強いるだけだ。これに対して、ミンスキー・モデルでは投資決定にファイナンスを組み込んだうえで、「未利用」借入能力の増大にともなうメインバンク制の崩壊、それにともなう金融システムの機能不全（不良債権の累増）をデフレの原因だとする。このようにみるとデフレが容易ならざる事態であることが理解されよう。残された課題は、こうしたバランスシートの毀損のメカニズムを解明するとともに、それが深刻なデフレにいたる過程を分析することである。

3　相対貨幣的価格とバランスシートの毀損

覚めている生活と眠っている生活

われわれはこれまで新古典派の二分法を繰り返し批判してきた。ケインズは警句を好む学者であったが、こんな譬えを用いている。

古典学派では、経済学を一方における価値および分配の理論と、他方における貨幣の理論とにわける。それはちょうどだれもが、時には月の一面におり、時にはその反面にいて、どのような通路や旅によって両者を連絡しうるかを知らず、両者は一見したところわれわれの覚めている生活と眠っている生活のような関係にある。『一般理論』の目的のひとつは、この二重生活から脱却し、全体としての物価理論を価値の理論と密接に関係づけることである。（JMK, VII, p. 292）

第1章2節で問題提起したように、われわれが新古典派の相対実物価格理論を排して、相対貨幣的価格理論を展開しようとするのも、こうした趣旨にそったものである。相対貨幣的価格というタームは、一般になじみにくい思考法なので理解を容易にするために、H・タウンジェントの有名な論文「流動性プレミアムと価値の理論」（一九三六）の例示を、われわれが八〇年代後半に経験したバブル期にみられた地価や株価の変動とだぶらせながら考えてみよう。

静穏な社会からある朝目覚めると、多くの富所有者が地価の予想価格について極度の楽観主義に支配されるようになったと想定せよ。朝になって土地の所有権の正常な取引が再開されるや否や、売り手市場となって、地価は急騰するであろう。さらに土地所有者および潜在的所有者の意見の相違が一致することによって、土地に付与される流動性プレミアムが上昇すると、これまでにも増して売買が実行される。より高い地価での取引量をファイナンスするために、より多くの貨幣が必要とされるが、わが国の銀行が実際にそうであったように、必要な貨幣はだれもが銀行貸出を容易に入手しうるものと仮定しよう。このようにしてさらなる意見の一致をみて、市場で「強気」気配が濃厚になればなるほど、地価は上昇しつづける。

東京圏の地価は八五年から八九年のわずか五年間に二・五倍も上昇し、地価の累積益は一四〇〇兆円にもたっした。もとより土地を利用するビル建設、大規模なリゾート施設やゴルフ場建設は並はずれて高収益事業となり、全国いたるところにこれらの施設が乱立した。やがてこうした業種へ資源の転換が始まり、これら資産の貨幣価格も急上昇する。ちなみに、飛行機から眼下にみおろす房総半島はゴルフ場で埋まっており、伊豆半島のほぼ全域にわたってリゾート施設が密集している。国内だけでなく、海外ではニューヨークの目抜き通りのビルやパリのオペラ座周縁の土地を買いあさって、ジャパン・マネーの恐怖とおそれられたが、いまでは兵どもが夢の跡となった。

そうこうするうちに、これらの諸資産の貨幣価格が引き下げられるという可能性あるいは予測が取引者の心に芽生え、これまでの楽観主義が急速に悲観主義にかわり、「悲劇の誤謬」がはじまる。実際には政府の地価対策や金融引締政策への転換がその引き金となったが、地価は九一年には一・八倍までに低下し、その後も一〇年越しの下落がつづいている。九一～九六年間の累積損は六〇〇兆円を超える巨額なものとなった。

このように人々の行動が土地の自然（実物）価格ではなくて、相対貨幣価格に左右されるということは、ここでの議論にとって必要不可欠なことである。物々交換経済あるいは非貨幣的経済という新古典派の概念は、価値の理論のなかには場所をもたない。まことに貨幣経済における価値の理論は貨幣価格の理論である。

現物‐先物市場の仕組みとその働き

それではいったい各種資産の相対貨幣的価格は、どのような仕組みをつうじて決定されるであろうか。貨幣的価格は、新古典派の無時間的な模索過程ではなくて、現実に存在する時間を含む市場の仕組みともいえる現物‐先物価格市場で決定される。現物‐先物市場というのは、人間が将来のリスク回避のために考え出した市場の仕組みである。まずその発展の歴史を簡単に振り返ってみよう。

ロンドンのシティでは一六世紀ごろから、貿易商人たちが海上輸送中の財貨を売買して、入港までの相場変動によるリスクをカバーしようと試みた。これが先物取引のはじまりだといわれている。一九世紀になると、産業革命と世界貿易の飛躍的な発展によって、ロンドンが世界的な商品取引センターとなり、各種商品の先物取引が行われるようになった。さらに一九七〇年に入って、先物市場が比重を高め、多くの財貨が取引されるようになる。

アメリカでは、シカゴ商品取引所（ＣＢＴ）、シカゴ・マーカンタイル取引所（ＣＭＥ）、ニューヨーク先物取引所（ＮＹＦＥ）など多くの取引所があり、そこでは多様な先物取引が行われている。ＣＢＴは大豆、小麦、トウモロコシなどの伝統的な穀物取引に加えて、金・銀などの商品先物にも積極的に取り組んでいる。時代を先取りして急成長したのはＣＭＥであろう。ＣＭＥは、一九六〇年代まではおもに農畜産物を取引するローカル取引所の域を出なかった。七二年の変動為替相場制への移行にともない、その一部門として設立された国際金融取引所（ＩＭＭ）は、ユーロダラーやドイツ・マルク、日本・円など十数種の通貨を扱い、世界の通貨先物取引をリードしている。NYFEは石油の先物取引で知られているが、石油価格を決めるのは、いまやOPECではなくて、NYFEだといわれるほどだ。

こうした時間を含む市場の制度的な仕組みである先物市場は、新古典派の価格競争モデルではほとんど注目されてこなかった。当代一流の経済学者であるJ・アロー＝F・H・ハーン（一九七一）の言葉を借りれば、

将来と過去が現在にたいしておよぼす強い影響、そしてまた必要な先物市場が欠如しているときに、価格理論と安定性分析の双方に導入してこなければならない大修正がもたらす強い影響、これらを正当に考慮することなしには、ケインズ革命を理解することはまったくできない。……実のところ、ケインズを説明することに専念した文献の多くが、この中心点に触れてこなかったといいうるのである。

それではいったい現物‐先物市場とは、どんな仕組みのもとで作用するであろうか。まず、現物市場とは、既存の耐久財のストックにかかわり、財の直渡しと即時払いの取引が行われる市場である。一般に、ある資産が転売可能なものとなるには、十分に組織化された現物市場が存在しなければならない。先物市場とは、財の先渡しと将来の支払いの契約が行われる市場である。経常的な生

産フローを含むすべての取引は、先物市場で商われる。この市場での取引主体は、売り手＝つなぎ手（hedgers）と買い手＝投機家（speculators）である。売り手は、自己の商品が値下がりして損失をこうむるのを防ぐため、先物価格での将来の収入確保と値下がりによるリスク回避をしようとする。買い手は、先物市場での売買による価格差益をえようとする。こうして生産に時間のかかる不確実な世界では、当事者間で先物契約によってリスクを分担しあうことができる。

この現物－先物市場の仕組みを図表3-2を用いて説明しよう。まず現物市場では、耐久財のストック需要（D_1）とストック供給（S）の交点で現物価格（P_s）が決定され、取引量はQ_1となる。そのさいストック供給Sは、過去から引き継がれた既存の所与量だから、価格に左右されないので垂線で示されている。この財が再生産不可能な財であれば、P_sは需要者間に残高なしに財ストックを配分（$S-D=0$）する。耐久財が再生産可能財であれば、その財の供給量は産出物のフロー供給によって増加し、（$S+s$）となる。このフロー供給表はいろいろの価格で提供される生産量を表す。D_1と（$S+s$）との交点で、先物価格P_fと取引量Q_2が決定される。$P_s>P_f$であれば、市場の用語で「逆ざや」（backwardation）とよばれる。「逆ざや」になるのは、買い手が懐妊期間をまって新たな生産物を入手するよりも、直渡しにたいするプレミアムをすすんで支払おうとするからだ。いま需要がD_1からD_2まで増加したとしよう。現物市場では、取引量は不変のままP_sがP'_sまで上昇する。先物市場では、まず先物契約の受注残高が増え、生産および雇用を増加し、先物価格はP_fからP'_fまで上昇し、取引量もQ_2からQ_3まで増大する。需要の増加がフロー供給表の弾力性いかんによって、先

図表 3-2(a)　逆ざやのケース

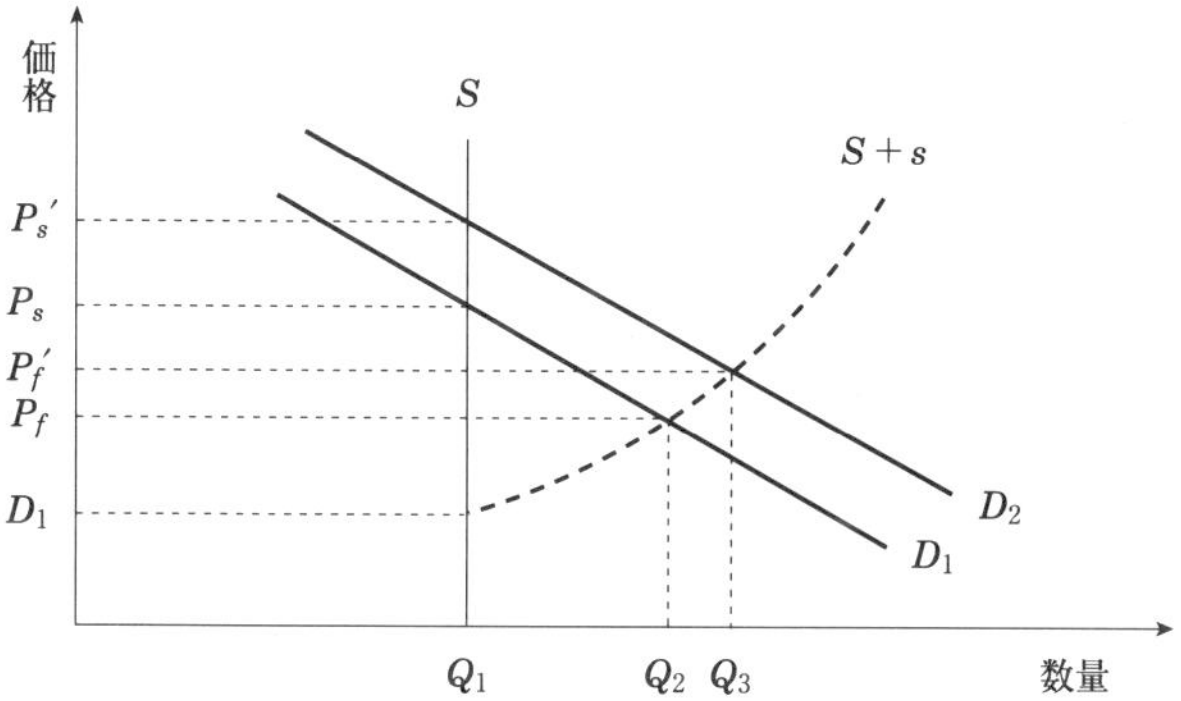

物価格と取引量の変化に分かれることに注目しよう。「逆ざや」の状態は、生産にとって必然であり、市場が正常に発展していることを現している。

　これまでの現物－先物価格の仕組みは、一見するときわめて抽象的なモデルのようにみえるが、そうではない。前節でみた、八〇年代末の地価の高騰の実態をリアリティをもって説明している。土地はある種の貨幣的性質をもっている。というのも、土地はもともと自然財であって、ゼロあるいはごく小さな生産の弾力性しかもっていない。土地の代替の弾力性も、土地神話が生きているかぎり、ゼロあるいはほぼゼロに等しい。こうした特性は貨幣とまったく類似した性質をもっている。したがって、フロー供給表の弾力性はきわめて小さく、需要の増加は先物価格P_fの大幅な上昇につながる。

　さらに、バブル期にみられたように、投機行動が加わると、土地の生産の弾力性ならびに代替の弾力性が極度に小さいことから、その期待価格が自生的に変化して、その上

図表 3-2(b)　順ざやのケース

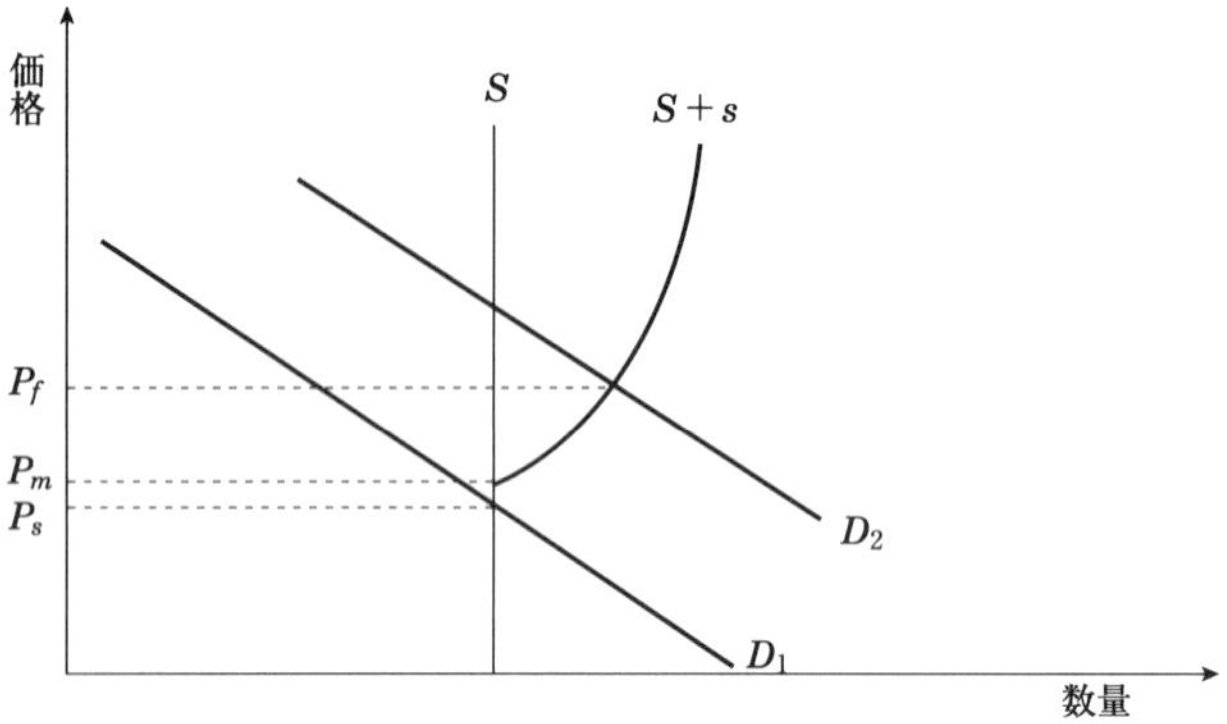

昇テンポは激しさを増すであろう。投機的行動に走るのは、なにも地上げ屋にかぎらない。企業家も財テクに与するかぎり投機家だ。こうして、前項でみたような八〇年代後半の地価暴騰が生起したのである。

現物価格P_sが最低フロー供給価格P_mを下回って、$P_s < P_f$になれば、市場の用語で「順ざや」(contango)と呼ばれる。これは一般的に不況期にみられる現象で、耐久財ストックの過剰在庫をかかえ、不況期間をつうじてストックの減価が生じ、P_sが異常に低下する状態である。

この「順ざや」には二つのケースがある。一つは、現存ストックは過剰ではあるが、期末には正常な需要が過剰分を吸収できる状態であって、経済はただちに「正常の逆ざや」立ち返る。通常の景気循環にみられる在庫調整である。いま一つは、現存ストックが大幅に過剰なので、P_sが最低フロー供給価格(P_m)をはるかに下回って、先物価格が成立しない状態である。バブル崩壊後にみられたように、ひとたび幻滅がやってくると、地価値上がりの期待は「悲劇の誤謬」(error of pessimism) に置き換えられ、その結果地価はとめどなく下落しつづける。日本の現状は、まさにこうした「順ざや」による失速のつづく一〇年だといってもよかろう。

各種資産の貨幣的価格の決定

これまで考察してきた現物‐先物価格の仕組みとその働きが、こんどは個々の資産の貨幣価格の決定にどのようにかかわるのか、いくつかの身近な資産を例にとりながら考えてみよう。なお、ここでの議論は、主として『一般理論』第一七章「利子と貨幣の基本的性格」によるが、ほとんどのケインズ解釈において、この章の中身は理解されないまま無視されてきた。しかし、ケインズ・プロジェクトの代表者の一人であるJ・A・クレーゲル(一九九七)は、もし『一般理論』の改訂版が出版されるとすれば、この一七章こそ改訂の中核を占めるところだと主張するほどだ。この章には、ケインズの長期不況ヴィジョンが暗々裡に示唆されていることを強調しておこう。

① まず貨幣の価格である利子率についてどうであろうか。いまあなたが銀行の窓口にいって、たとえば三年物の定期預金を申し込むとしよう。あなたは三年間貨幣を手放す代償として、たとえば年率〇・一%の利子をうることができる。ここからケインズの「利子率は流動性を手放すことにたいする報酬である」という有名な定義がうまれる。

貨幣利子は——これは読者に想い出してもらいたい点であるが——たとえば一年先というよう

な先渡契約の貨幣額が、その先渡契約額の「現物」価格あるいは現金価格と呼ばれるものを超過する百分率にほかならない。（JMK, VII, p. 222）

このことを先の現物‐先物価格の仕組みをもちいて表せば、貨幣利子率（i_m）は先渡価格（P_f）と現金価格（P_s）という二つの価格差の百分率ということになる。

$$i_m = (P_f - P_s)/P_s$$

このように貨幣利子率が現物‐先物価格スキームで表されるとすると、あらゆる種類の資本資産について、貨幣にたいする利子率に類似したものが存在しなければならないようにみえる。

② 外国為替相場についてはどうであろうか。外国為替市場には直物相場と先物相場とがある。先物為替が直物為替よりも価値があればプレミアム付き、逆に価値が低ければディスカウントと呼ばれる。これは金利平価定理（interest rate parity theorem）の定めるもので、為替相場が二国間のマネーセンターにおける短期金利差によって決まることを示す。

例示すると、ドルの直物がポンドに対して（$\$P_s/£$）四ドル四〇セント、一カ月先物ドルがポンドにたいし（$\$P_f/£$）四ドル四〇セント二分の一とすると、直物（$\$P_s/£$）を売り、先物（$\$P_f/£$）を買うことによって、先物ドルのプレミアム（$i_{NY} - i_L$）は一カ月につき、二分の一セント、年率にして約一・五%となる。その算定は、これまでと同じ形式で、次式によってなされる。

$$i_{NY} - i_L = (P_f - P_s)/P_s$$

③　小麦のような債務ではない財貨についてはどうであろうか。小麦のように、市場で相場が建てられる商品の「先物」契約と「現物」契約との開きは、小麦利子率にたいして確定的な関係をもっている。しかし、先物契約は先渡しの貨幣額によって相場が建てられ、現物渡しの小麦の量によって建てられるのではないから、それは同時に貨幣利子率をあらかじめ導入している。いま、小麦の現物価格が一〇〇ポンド、先物価格が一〇七ポンド、貨幣利子率が五％だとしよう。小麦利子率（$.i_w$）は次式によって算定される。

$$i_w = (P_f - P_s)/P_s = 7\%$$

したがって、小麦の利子率は、

$$i_w = 5\% - 7\% \fallingdotseq -2\%$$

となる。

こうした各種資産の自己利子率にかんして重要なことは、先物契約はつねに先渡しの貨幣額によって相場が建てられるから、貨幣はつねに他の資産とともに共有されることだ。貨幣だけ、債券だけ、さらには耐久財だけで保有されるどのような状態も、その現物価格あるいは先物価格のいずれかの変動をこうむるのである。だから、各種資産の自己率の相違は、それらの相対価格（プレミアムないしディスカウント）の変化によって調整され、そしてその相対価格は通常の基準で計算される収益率を変化させるであろう。この調整過程は、あとで「負の調節メカニズム」として展開するであろう。

バランスシートの毀損がどのようにして生じたか

われわれはこれまで個別商品の相対貨幣的価格の決定について考察してきた。こうした貨幣価格の変化が、どのようにして各経済主体のバランスシートの毀損をもたらすであろうか。ここで、バランスシート毀損の定義をもういちど確認しておこう。それは貨幣表示の契約による「負債」価値の固定化と、各種資産の貨幣価格の下落による「資産」価値の減価によって生じる不均衡のことである。そこで、わが国の大企業非製造業のバランスシートを具体的に例示しながら、その毀損のありさまを観察することにしよう。

図表3-3は、大企業非製造業のバランスシートがどのように変化したかをみるために、八四年度と九四年度とを対比したものである。この九四年頃というのは、大企業非製造業がひたすら拡張路線をつづけたあげくのはてに、倒産に追いやられた時期である。図表3-3をみると、わずか一〇年間に、総資産合計は一二九兆円から二八八兆円まで、約二・二三倍まで拡張している。さらにバランスシートの各項目をみると、資産サイドでは、有形固定資産が四三兆円から一一七・五兆円と三倍近い伸びを示している。その内訳は土地が二倍、建物等が一・一倍である。証券類では、投資有価証券が三倍近い伸び、その他金融資産も二・五倍の伸びを示している。当時の株式・債券投資の活況を示すものであろう。負債サイドに転じると、流動負債および固定負債の増大が目立つ。両者を合計すると、この一〇年間に一〇九兆円から二二〇兆円へと二倍強の伸びを示している。そのうち、長短借入金は約五〇兆円から一〇〇兆円へと二倍の伸びである。問題は、バランスシート

図表 3-3　大企業非製造業(除く不動産業)のバランスシート

(単位：兆円)

資産	84 年度	94 年度	負債・資本	84 年度	94 年度
現預金	11.2	21.0	流動負債	68.8	120.0
短期有価証券	4.0	9.5	(うち短期借入金)	(24.3)	(44.0)
投資有価証券	5.8	17.3	固定負債	40.7	108.0
その他金融資産	15.6	39.3	(うち長期借入金)	(25.5)	(52.1)
その他資産	35.2	55.9	特別引当金	0	2.8
棚卸資産	14.2	27.5	資本	19.5	58.5
有形固定資産	43.0	117.5	(うち各種準備金)	(15.6)	(38.9)
総資産合計	129.0	288.0	総資産合計	129.0	288.0

(資料)　財務省「法人企業統計季報」.

の負債・資本サイドの項目が「貨幣表示の契約」によって固定化されているのにたいして、資産サイドの項目は市場での相対貨幣価格によって変化することである。この点をもう少し具体的に深めてみよう。

われわれはすでに資本主義的ファイナンスの一つの特徴が、資本資産の「ポジション」のファイナンスにあることを強調してきた。このことを大企業非製造業のバランスシートに即して考えてみよう。非製造業は一一七・五兆円の有形固定資産を保有し、時間をつうじて稼働させて財・サービスを生産する。それは棚卸資産――製造または販売のために費消される原材料および製造過程における仕掛品・半製品など――となり、やがて完成品となって販売され、売上金額となって還流する。こうして資産のポジションが回復されて、生産が継続しておこなわれるのである。

ところが、もしバブルの崩壊とともに、期待売上金額の回収が困難になったとしよう。事実、非製造業平均の収益率(ROA)は、八〇年には七・七%であったのが、九〇年には六・二%、さらに九九年三・五％へと急減した。こうした事態に直面して、企業のとりうる策は万一に備えて保有している有価証券を売却して、資産ポジションを維持することだ。この資産ポジションの維持を説明するために用意されたのが、じつは拡大された流動性選好概念であった。通常の教科書では流動性選好理論は、たんなる貨幣需要関数の改善にすぎないかのように教えられているが、そうではない。資産ポジションを維持する役割をはたすのは、なにも貨幣にかぎったことではない。価値貯蔵物の連続体を構成する各種の金融資産は、それぞれがさまざまな程度で流動性を保有しており、金融ポジションを休止の状態においたり、負債を取り除くために資産を転換する役割をもっている。あと知恵の有利さで、われわれは流動性選好をこのように広義に解釈することができる。ちなみに、わが国の国民貸借対照表（二〇〇〇年）によれば、金融資産の現存量は五六三六・八兆円にもたっしている。

この広義の流動性選好理論を企業のバランスシートにあてはめて考えてみよう。流動性というのは、企業や個人のバランスシートに含まれる資産・負債の相対価格の変化のかかわりを表すものである。もし企業がX円の確実な市場価値をもつ資産を保有しているならば、企業はそれを担保にX円の負債を取り除くために、誰かにX円を貸し付けることができる。企業は一般購買力に転換することなしに、自己の金融ポシションを流動化することができる。これに対して、もしX円の負債を負っていて、保有する資産がX円以下の価値しかもたない場合には、企業は自己の金融ポジションを流動化する方法をもたないことになる。このように流動性選好という考え方は、支払不能に備えてバランスシートを保護する、あるいは金融ポジションを流動化する能力という考えと密接な関係がある。ところが非製造業企業は、デフレ下で地価や証券価格が大きく下落するにつれて、バランスシートの毀損を防ぐために、まず保有する短期有価証券、ついで投資有価証券の処分にいたるであろう。最後の拠り所は流動性そのもの、つまり現預金である。そうこうするうちに、資本資産の「ポジション」の流動化が次第に困難となり、バランスシートが毀損し、最悪のケースでは企業倒産にいたる。

実際に、流通業界では「そごう」や「マイカル」さらには「ダイエー」などが、こうした広義の流動性の欠落によるバランスシートの破綻を経験した。これらの企業はいずれもバブル期に拡大路線をとった企業である。とくにダイエーは、創業者の中内功の指揮のもと、「流通革命」を掲げて急拡張をとげ、戦後高度成長の申し子ともいえる企業であった。グループ会社一七〇社、売上高二兆円、従業員一〇万人の巨大流通グループが解体された。右肩上がりの経済のもとで、ダイエーは土地を買って自前の店舗を建て、その店舗の担保価値が地価高騰によって高まるにつれ、銀行からの借入資金で新店をだすという拡大路線をつきすすんだ。大量仕入れは、仕入れ値の引き下げにつながり、その含み益を背景にプロ野球球団、外食、ホテルなど、小売業とは縁遠い事業にまで乗り出した。九四年には忠実屋など三社と合併して、三五六店舗をかかえる国内唯一の全国スーパーに変貌をとげた。しかし、こうした拡張路線もついに終わりをつげ、そごうやマイカルのような法的整理は避けられたものの、〇二年には二兆を超す負債を抱え、苦渋の再建計画に踏み切らざるをえなくなった。しかし、その再建は容易でなく、〇四年になって、ダイエー側とUFJなど主力取引銀行との間で、自主再建か産業再生機構を活用するかをめぐって、きびしい対立をつづけている。

以上のことを要約しておこう。現在の日本経済は各経済主体のバランスシートの毀損によるデフレのただなかにある。このバランスシートはストック概念であって、年々の設備投資や在庫投資、資金調達・運用、さらに土地の購入などフローベースの動き、および地価や株価などの資産価格の動きなどのストックの動きにおうじて変化する。したがって、小林・加藤（二〇〇一）によって分析されているように、平成デフレの原因が企業セクターや銀行セクターのバランスシートの毀損に求められるとすれば、それはきわめて厳しくかつ構造的な要因に根ざすものだといわざるをえない。

わが国経済において、八〇年代後半には、企業が株式や土地などの資産価格の急激な上昇による含み益に支えられて、バランスシートの負債サイドと資産サイドを同時に拡大させる、いわゆる両建て取引を拡大させた。こうした行動が資産価格の上昇を招き、価格の上昇がさらなる取引の拡大につながり、フィナンシャル・ユーフォリアに陥ってしまった。しかし、九一年以降のバブル崩壊にともない、企業は負債の増加を抑え、資産サイドの実物資産の増加を抑制し、金融資産の縮小を図るという、両建て取引の解消をすすめている。こうした動きがさらなる資産価格の下落を招き、企業のバランスシートの毀損にともなうデフレを深刻化させていったのである。

過去に結ばれた各種の請求権は、その契約期間がくれば支払いの義務が生じる。支払いを求められる企業の保有するキャッシュフローは、粗利潤か資産売却あるいは再借入のいずれかの手取金に頼らざるをえない。こうして企業と銀行との鏡像ともいうべき大量の不良債権が発生した。全金融機関の自己調査にもとづく不良債権は、九八年三月末には八七兆五二七〇億円にも達した。

バブルの醸成期には、政策当局者をはじめ経済学者・評論家をとわず、岩戸景気と平成景気の拡大期間の長さを競うことにのみ関心がむけられ、バランスシート毀損の危機を警告する者はほとんど見当たらなかった。バブル崩壊後も不良債権の処理に適格性を欠き、いまだにその十分な解決にはいたっていない。「資産」の実質価値が減少し、「負債」が元のサイズで残存するバランスシートの毀損は、金融機関による流動性制約をいっそう厳しくし、企業の資金調達力が量的に減少するため、投資や消費が累増的に抑制される「デット・オーバーハング効果」（債務超過効果）が発生し、わが国経済をデフレに陥れて今日におよんでいる。

以上のような、二つの相対立するデフレにかんする見方の違いは、より具体的には経済政策、とりわけ金融政策にかんする見方の相違となって現れるであろう。このことについては改めて次章で論ずることにしよう。

4　デフレに落ち込む負の調節メカニズム――流動性の罠

適応調節にかんする二つの考え方

われわれはこれまでデフレーションがたんなる貨幣的現象ではなくて、企業や銀行あるいは家計も含めて、各経済主体のバランスシートの毀損にその原因があることを論じてきた。ところで、デフレが継続的な物価の下落である以上、どのような理論的立場をとるにせよ、それにいたる適応調節の理論を必要とするであろう。いったい日本経済がデフレに陥る負の適応調節メカニズムはどのようなものか、その実態に迫ることにしよう。

経済理論には適応調節にかんして二つの相対立する考え方がある。一つは新古典派の立場であって、一九世紀後半から支配的であった「自然主義」思想の影響であろうが、経済均衡への適応調節はつねに「自然価値」にむけて収斂するものと考える。たとえば古典派を代表するA・スミスでは「自然価格」が、あたかも重力のように、市場価格をたえず引き寄せる中心価格であった。またK・ヴィクセルの理論では、唯一の「自然利子率」に貨幣利子率が適合するときにのみ、累積過程が均衡に収斂する。現代の新古典派マクロ経済学では、M・フリードマンの主張するように経済は早晩「自然失業率」の水準に到達するという。ここでは現代の新古典派において中心概念である「自然失業率」についてもう少し詳しく考えてみよう。

ここで自然失業率というのは、ケインズのいう非自発的失業者の存在しない、自発的失業者だけが存在する、完全雇用の状態のことである。合理的期待仮説を組み込んだフィリップス曲線は、いかなる経済にあっても失業率がある一定水準になると、物価上昇は加速も減速もしなくなる、つまりフィリップス曲線が垂直になる。この水準からの乖離があっても一時的なもので、長期においては自然失業率に収斂すると主張するのである。

いったい長期とはどれほどの期間をいうのだろうか。この自然失業率の基底には恒常所得という概念が想定されている。恒常所得というのは、フリードマンが消費関数論争において提示した概念で、消費性向が実際の所得から変動所得を差し引いた、定期的に取得できることが予想される所得(恒常所得)に依存するとする仮説である。この恒常所得は今年の所得と過去一七年間の所得の「加重移動平均値」として算定される。いくら加重移動平均値といっても、一七年間ともなれば、どんな大きな経済的な出来事でも平均化され希薄化されてしまう。具体例をあげてその非現実的な性質を指摘してみよう。一九七〇年代末から一九九〇年代の終わりの約二〇年間にわたって、ヨーロッパ諸国では恒常的にほぼ九%の失業率がつづいた。これでも自然失業率仮説が主張するように、やがては完全雇用に回帰するといえるのだろうか。ケインズでなくとも「結局、われわれはみんな死ぬのだ」と揶揄したくもなるだろう。

さて、話を適応調節の問題にもどそう。ケインズの貨幣的生産経済理論での適応調節のプロセスは、これらの新古典派の調節の仕方とは対照的に、まったく逆の収斂過程をたどる。「貨幣利子率」こそが各種資本資産の自己利子率を引き寄せる重力の役割を演じるのである。すこし長くなるが肝心のことだから、ケインズの説明を聞いてみよう。

伝統的理論が主張するのは、各種資産の限界効率の一般的価値を決定する諸力が貨幣とは独立であって、いわばそれは自生的な影響をあたえないし、また諸価格は貨幣の限界効率、すなわ

> ち利子率が他の資産の限界効率の一般的価値と一致して下落するまで動くことである。他方において私の理論が主張するのは、これは特殊なケースであって、ありうべき広範なケースにおいては、ほぼ逆のことが真実だということである。すなわち、貨幣の限界効率はある程度それ自体に固有な諸力によって決定され、また諸価格は資本の限界効率が利子率と一致して下落するまで動くことである。(JMK, XIV, p. 103)

以上のことは、『一般理論』の第一七章において、ケインズが「自己利子率理論」として展開した考え方のエッセンスであり、そこにはケインズのデフレ・ヴィジョンを読みとることができる。このことについてはすでに前節の現物 - 先物市場で成立する相対貨幣的価格理論で論じたので、ここではそのエッセンスを要約したうえで、それを日本の現状に適応することに主眼をおこう。

各種の資産はそれぞれ程度を異にする純収益q、持越費用c、流動性プレミアムlをもっている。たとえば資本資産の自己利子率は主として$+(q-c)$よりなり、小麦の自己利子率は持越費用が嵩むので$-(q-c)$となる。さらに貨幣は収益を生まない代わりに流動性を有するから、その自己利子率はlよりなる。こうして各種資産の自己利子率は、これらの属性をそれぞれ程度を異にしてもっており、定義式$(q-c)+l$によって表される。

ここまではどの資産が価値の基準として用いられるかは、とりたてて重要ではなかった。しかし、先物契約は先渡しの貨幣額によって相場が建てられ、現物渡しの財貨量によって建てられるのではないから、それは同時に貨幣利子率を導入している。したがって、どんな資産の自己利子率も「期待増価（減価）比率」を測定する要因を含まなくてはならない。いま貨幣を基準とした期待増加（減価）比率を±aで表すと、貨幣の自己利子率は

$$\pm a + (q - c) + l$$

で表される。この貨幣の自己利子率は、貨幣という共通の基準で測られた各種資産の相対的な価値を表すから、前述したように相対貨幣的価格（relative monetary price）と呼ぶことができる。古典派の二分法のもとで相対実物価格（relative real price）との違いをもういちど再認識しよう。

負の調節メカニズム

さて、以上のように要約される相対貨幣的価格の理論を日本経済の実際に適応して、デフレ下にみられる負の調節プロセスを考察してみよう。

まず、実物面の中核である資本資産についてどうであろうか。資本資産の貨幣の自己利子率は急速に均等にむかうと想定されるべきではない。企業者たちは、競争条件さえ許されるならば、しばらくのあいだ特別利潤を享受しようとして、価格の調整を引き延ばそうとする。さらに、知識や技術の占有などの参入障壁を構築して、積極的に価格の調整を引き延ばすかもしれない。しかし究極的には、資産の純収益（限界効率）がもっとも高い耐久財は、その供給拡大によって次に高くランクされる資産の収益と均等するよう次第に低下するであろう。こうした見込み収益均等化のプロセ

図表 3-4　産業別 ROA の推移

	80 年度	90 年度	99 年度
製造業平均	9.7 %	8.0 %	4.0 %
非製造業平均	7.7 %	6.2 %	3.5 %
全産業平均	8.5 %	6.8 %	3.7 %

（資料）日本政策投資銀行「調査」Dec. 2001, No. 30.

スをわが国企業の実態にそくして考察してみよう。

われわれはさきにスカイライン・グラフを用いてわが国企業の資本収益率（ＲＯＡ）の現況を示したが、それを図表3-4は時系列にまとめたものである。まず製造業と非製造業の比率は一九八〇年度には四対六、九〇年度、三・二対六・八、九九年にはに三対七まで大きく変化している。そのうえで、ＲＯＡをみると、製造業平均では八〇年が九・七％、九〇年には八・〇％、九九年四・〇％と急速に低下している。非製造業平均では八〇年には七・七％、九〇年六・二％、九九年三・五％まで低下した。全産業平均では同期間に八・五％、六・八％、三・七％へと低下している。

一般に、実務者の間では企業収益の閾値は五％前後であり、ＲＯＡから長期金利を差し引いたスプレッドが五％を超えると設備投資が活発化するといわれている。わが国の企業はすでに閾値を下回る水準に陥ったことになる。しかも、製造業のＲＯＡが平均値を上回る企業数みると、八〇年には一一業種であったのが、九〇年には精密機械、化学などわずか五業種に絞られ、その格差も縮小している。

こうして、企業の資産収益（資本の限界効率）がもっとも高い製品は、次第にその供給拡大によって、次に高くランクされる資産の収益と均等するまで低下し、見込み収益均等化のプロセスが進行していくのである。わが国製造業の収益率の長期低下傾向をみるにつけて、第2章で詳しく分析したように、製造業ではすでに趨勢的な過剰投資不況の状態に落ち込んだとみてよいであろう。

次に証券市場に目をむけよう。資本資産市場の調整プロセスには若干の時間がかかるのにくらべて、証券市場における調整はごく速やかに進行する。証券資産は容易に市場で売買されうるし、裁定、鞘取り、投機などその市場における組織化の度合いがきわめて高いからである。ただし、株式と債券とは不完全な代替物であるから、ここでは別個に考察することにしよう。

株式の貨幣の自己利子率はきわめて可変的であって、これを取り扱うのが困難である。株式は二重の資本不確実性をもっており、株式価格は企業の資本収益率にかんする予想によっても、また利子率の変化のいずれによってもたえず変動する。この二重の不確実性は、株式がいみじくも実物サイドと金融サイドの両面を結びつける連結環の役割をはたしていることの証左である。株式市場における将来にかんする予想と、企業者の将来の有利性にかんする確信の状態との間には、ごく漠然としてではあるが、多様な関係が存在するからである。ただし、わが国では資本市場が未発達なこともあって、経営者に対して株主の利益を考慮させるような圧力が働きにくい。すでにみたように、大企業はその設備投資資金をもっぱら内部資金に依拠しており、企業の資本収益率の長期低落は即座に株主資本収益率（ROE）の長期低下につながる。日経平均株価は九〇年には三万円を超え、株式のROEは八％台であった。九三～九七年にかけて株価は二万円に落ち込み、ROEは四％台まで低下した。その当時では株価は一万台前後であるから、ROEはおそらく二％を切っているであろう。

図表 3-5　長短金利の長期低下

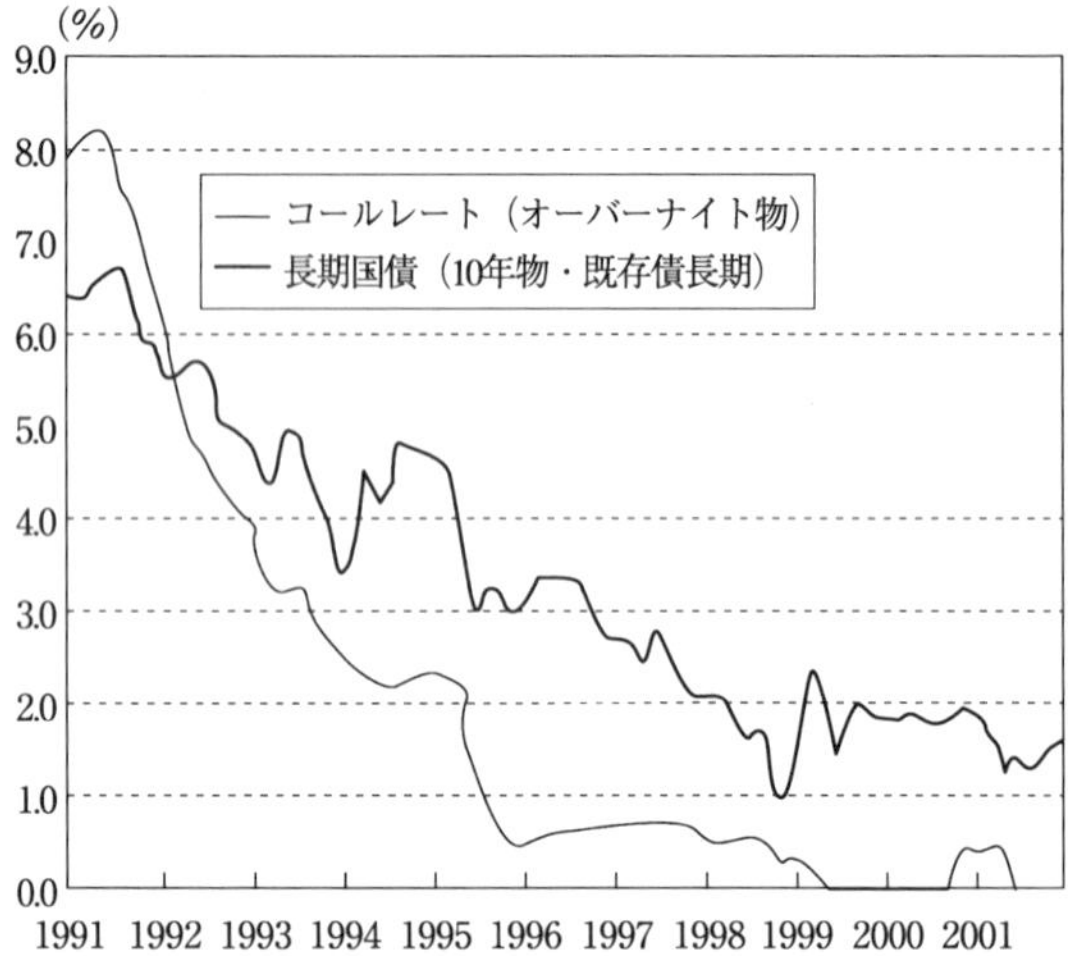

（資料）　日本銀行「金融経済統計月報」.

債券の自己利子率に移ろう。長期債券であろうと短期債券であろうと、それから受け取る経常利子率は事前に知られている。額面がA円で、利息が元金にたいして年率でαとすれば、毎年A×α円の利息がえられるからである。しかしながら、債券の現在の市場価格は将来の利子率変動にかんする期待によって影響をうける。だから、利息計算が確定値にもとづくにもかかわらず、不確実性要因が債券の経常利子率の決定に入ってくる。その場合、

(1) 利子率が上昇すれば、債券価格は下落する。

(2) 利子率が下落すると、債券価格は上昇する。

ここで重要なことは、この将来の市場利子率変動にかんする期待の影響が、長・短債券によって本質的に異なることである。長期債券によって調達された貨幣は、主として企業の固定設備や公共

投資であれば高速道路やダム建設に転用されるものであるから、それらの設備から生みだされた価値が生産物やサービスのうえに完全に移転しつくすまで、社会全体からみてその流動性が回復されるには長期間を要する。これに反して、銀行貸付の典型である手形の割引は、個人信用を銀行信用に転換することによって、ただちに流動性が回復される。こうしたことを前提にして、長期債券の典型ともいうべき一〇年物国債を取り上げてみよう。

図表3-5は、長期金利を代表する一〇物国債の金利の動向を示したものである。長期金利は一九九二年の七%近くから二〇〇〇年の一%台まで一貫して低下傾向を示している。デフレが長期化するとの観測を背景に国債買いが加速し、長期金利は〇・七七%の過去最低を記録した。ただし、〇四年度には、企業の景気判断がほぼ全面的に上向いたのをうけて、現在では長期金利が一・八%台まで上昇し、早くも景気の腰折れが懸念されている。この問題は第4章で「金融政策」を論じるさいに、もういちど取り上げよう。

ケインズはバジョットに倣って、次のようなイギリスにおける一九世紀の諺を引用している。「ジョンブルはたいていのことは我慢する。しかし二%の利子には我慢できない」(JMK, VII, p. 309)。このことからケインズは長期金利の最低水準をおおよそ二%とみなしていたふしがある。そして、あたかも日本における「流動性の罠」を予想したかのように、この極端な「流動性の罠」は将来実際に重要になるかもしれないが、現在までのところでは私はその例を知らないと述べている(JMK, VII, p. 207)。

図表3-6　最近の利鞘の動き

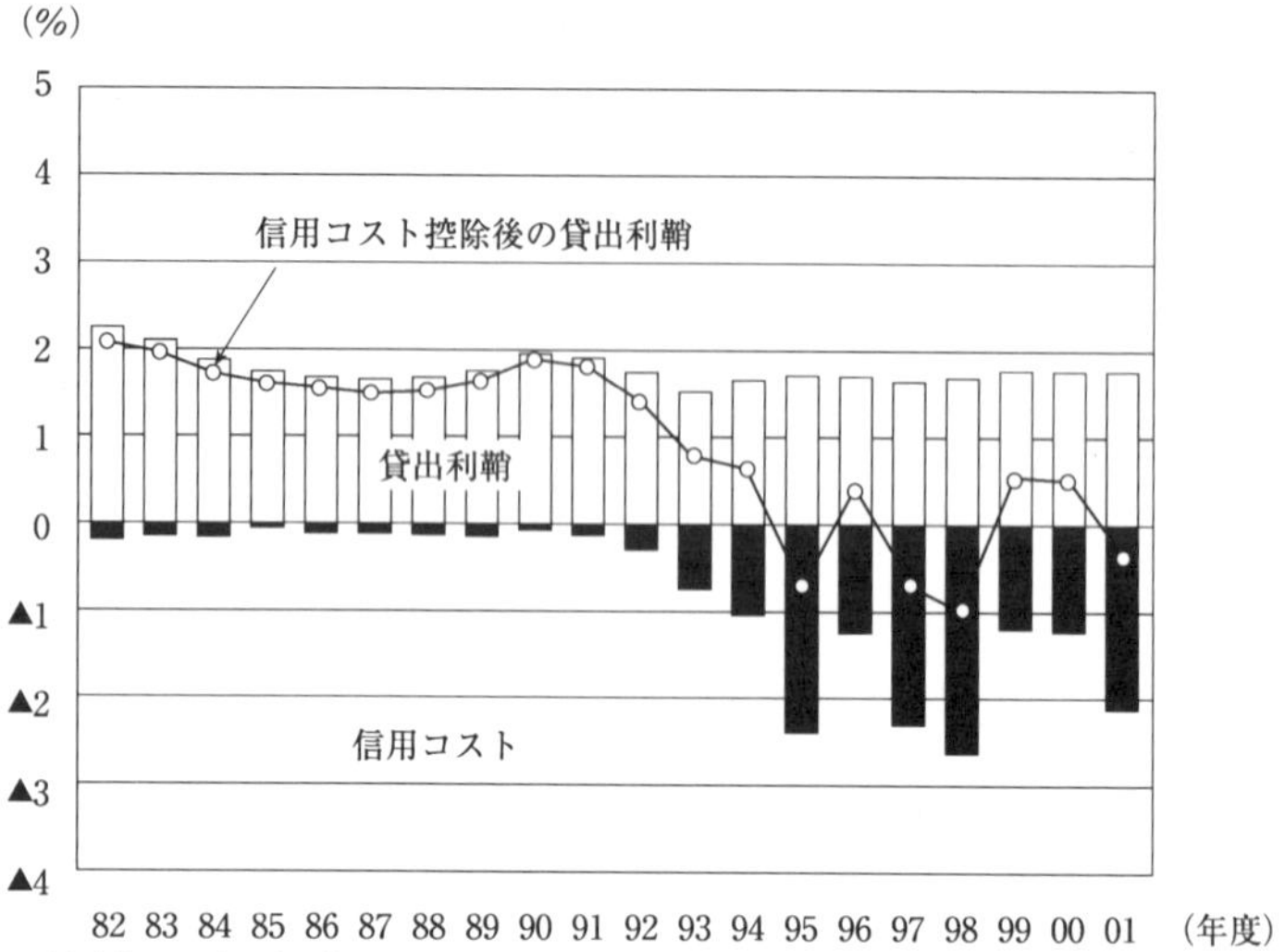

（資料）　日本銀行「金融経済統計月報」.

最後に、銀行の収益構造についてふれておこう。銀行収益の源泉は、つまるところ企業部門全体の収益にある。先にみたとおり、企業の資本収益率は急激に落ち込んだ。その反映で、株主資本収益率（ROE）や長期金利の長期低下をうけて、当然のこととして、銀行の収益構造にも大きな変化がみられる。銀行の利鞘は貸出利鞘と信用コスト（おもに無担保コールレート）の差額で測られる。

図表3-6の信用コスト控除後の貸出利鞘をみれば明らかなように、八〇年代にはほぼ二％台の利鞘であったが、九二年以降急速に低下し、九五年度からはマイナスに転じた。この間、こうした銀行の収益構造の変化をうけて、日銀の金利政策は大きな変貌をとげざるをえなかった。伝統的な公

定歩合政策は一九九五年には日本銀行史上はじめて〇・五％の低水準まで引き下げられたのを機に、無担保翌日物コールレートの誘導水準を公表することに改められた。これ以来コールレートは漸進的に引き下げられ、九九年には〇・一五％前後となり、ゼロ金利政策と呼ばれた。この政策はいったん中止されたのち二〇〇一年には復活された。さらに、この年にはついに金融市場調節の操作目標を無担保コールレートから資金量に変更し、いわゆる量的緩和政策がとられ今日におよんでいる。

こうしたデフレ下の負の調節プロセスから導かれる一つの結論は、なによりもまず企業収益の改善が求められることだ。そのためには産業政策の観点から、企業収益率強化のため技術革新を生かした生活者本位の社会をめざす「未来志向」の改革がもとめられる。これと併行した不良債権の適切な早期処理によって、本来の資本主義的ファイナンスも活発化し、デフレ克服のための有効需要の創出が可能となるであろう。

第4章　デフレ克服のための経済政策

1　ヴィジョンなき政策論争

迷走する政策論争――構造改革vs景気対策

日本経済のような巨大な先進国経済がデフレに陥っているのは、第二次大戦後では異例の事態である。こうしたデフレがたんなる貨幣的現象ではなくて、各部門のバランスシートの毀損によって生じたものであることは、これまでの論述から明らかであろう。企業セクターでは、その収益率が閾値を下回って、実質上の過剰投資の状態に落ち込んだ。証券市場では、企業業績を反映して株価が暴落し、さらに金融市場における長・短金利の低下によって、ゼロ金利政策という異例の措置をとらざるをえない「流動性の罠」に落ち込んでしまったのである。

小泉構造改革は不良債権処理をはじめ、郵貯や道路公団などの特殊法人改革、財政再建を当面の目標として、「小さな政府」の実現を目指す、新自由主義にもとづいた経済政策のパッケージである。小泉内閣では「構造改革なくして真の景気回復なし」と宣言して、改革の先に景気回復があると、国民に期待を抱かせている。短期的には痛みがともなうけれども、将来には希望があるというのだ。だが、改革の成果が景気回復や成長につながるというシナリオには必ずしも説得力がない。

このことを「構造改革」に即して説明してみよう。まず、不良債権問題からとりあげよう。小泉構造改革が不良債権処理を経済再生の第一歩と位置づけているのは、新しい産業に資金が回るような前向きの改革に取り組むまえに、「重荷を除いておく」との判断からであった。金融機関は計画を上回る引当金を積んで不良債権の削減に取り組んでいる。いま仮に建設業・流通業などいわゆる「大手三〇社」が破綻懸念先の企業に査定されたとしよう。銀行には、いまの間接償却制度のもとで、貸し倒れ引当金を積み増すことが求められる。引当金の積み増しは本業の儲けが薄くなっている銀行の自己資本不足を招きかねず、貸し渋りや貸し剝がしに走らせ信用収縮をもたらす。こうして、デフレの進行とともに、処理の一方で新たに別の不良債権が生まれつづけることになって、処理を進めれば景気が回復する、と単純にいえないところに悩ましさがある。

特殊法人改革で日本道路公団や住宅金融公庫などの廃止・民営化についても、ほぼ同様のことがいえる。公共事業の中核である道路公団が、採算を度外視した運営で厖大な赤字をだしているのは事実だが、地方へ行けば行くほど、不況は深刻で公共事業に頼る建設業者が多い。それだけに、公共事業費の削減は経営不振の建設会社を淘汰に追いやり、失業者の増加につながってしまう。不良債権の最終処理が実施されると、建設業の失業者は二〇万人にものぼるという試算もある。住宅金融公庫や都市基盤整備公団も廃止される。金融公庫などはこれまで景気対策の手段として便利に使われてきた。この廃止が、なぜ経済の成長につながるのだろうか。

この二年間は、こうした経済政策をめぐって構造改革や財政再建を優先する小泉内閣と景気対策を優先しようとする与党内との綱引きが繰り返されてきた。さらに、デフレ克服に向けた財政政策に手詰まり感がある政府内には、竹中経済財政・金融担当相に代表されるように、いたずらに速水前日銀総裁にたいしてマネーサプライの増加を求め、一段の金融緩和政策への期待が高まっている。政策への対応に政府と日銀との溝も埋まりにくい。〇三年四月より新たに福井総裁が選ばれ、その政策運営に期待がもたれている。まことに、ヴィジョンなき迷走する政策論争というべきであろう。

経済学教科書にデフレ政策はない

すでに第1章で指摘したように、IS-LMモデルはケインズ体系を新古典派体系に書き改めたものだが、それはさておいて、ここでは一般的な経済学教科書に示された政策をフォローするため、標準的なIS-LMモデルを用いて財政政策および金融政策を位置づけてみよう。

図表4-1には縦軸に利子率、横軸に国民所得をとった図が描かれている。財市場の均衡を示すIS曲線は右下がり、貨幣市場の均衡を示すLM曲線は通常右上がりである。両曲線の交点で均衡国民所得が決定される。いま財政政策の発動によってIS_1曲線がIS_2さらにIS_3へとシフトするにつれて、

図表 4-1　IS-LM 分析と財政金融政策

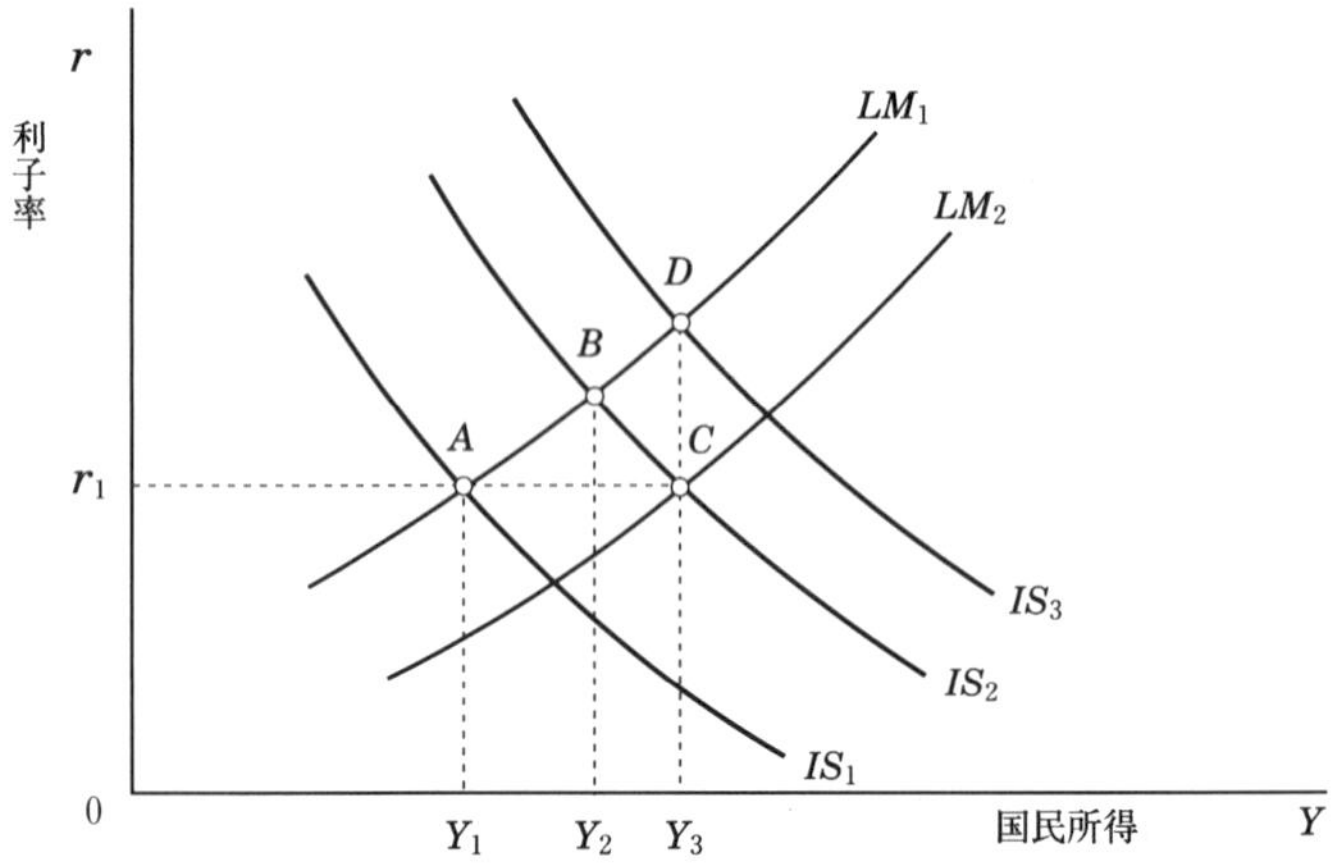

所得はY_1からY_2、Y_3へと増加する。一方、金融政策によって利子率が引き下げられ、LM_1曲線がLM_2へシフトすることによっても所得は増大する。一般に、こうした拡張政策が採られるのは不況期であるから、財政・金融政策が歩調をあわせて同時に行われる場合が多い。というのも、同図からも読みとれるように、ＩＳ曲線が右方シフトするにつれて、ＬＭ曲線が右上がりなので、利子率が上昇し、民間投資が抑制される――クラウディング・アウトが生じる――ことによって、その拡張効果が制約されるからである。

このモデルをわが国の実際に照らして考察してみよう。バブル崩壊後の長引く不況を背景に、相次いで巨大な財政支出が総需要の喚起を目指して発動されてきた。九二年夏から〇一年秋まで、政府の経済対策は実に一二回にもおよんだ。歳出規模は一三八兆円、補正予算による国債発行は四六兆円に達した。

それにもかかわらず、この一〇年間の平均成長率はほぼ一・四％にとどまり、米国（三・二％）や欧州に取り残された。この財政出動によって、わが国は巨額の財政赤字を累増させ、国と地方の長期債務は総額七五〇兆円にも達し、財政赤字の対ＧＤＰ比率は一五〇％にも高まり、先進諸国にその例をみない数値を示している。

この間に日本銀行のとった金融政策に目を転じよう。バブル崩壊後の景気後退のなかで、日銀は一貫して資金供給を増加する努力を惜しまなかった。まず公定歩合の引き下げを行い、九三年末に一・七五％、九五年には〇・五％まで引き下げた。公定歩合引き下げ効果が薄まるにつれて、金融政策を公定歩合中心から公開市場操作による無担保コールレート誘導の政策へ変更せざるをえなくなった。九九年には、ついに無担保コールレートをできるだけ低めに誘導する、いわゆる「ゼロ金利政策」を採用することになった。二〇〇〇年にはゼロ金利政策をいったん解除したが、景気の悪化にともない、〇一年には公定歩合を〇・三五から〇・二五％まで引き下げると同時に、日銀当座預金残高を増額するいわゆる「量的緩和政策」に切り替えて今日に至っている。

このように十数年におよぶ政府と日銀の政策をフォローしてみると、教科書どおりにＩＳ曲線を右上にシフトさせて総需要を喚起し、ＬＭ曲線を引き下げて投資需要を引き出そうとしてきた。こうした政策によって経済をある程度下支えしたのは事実だとしても、景気はいっこうに回復軌道にのらないまま、デフレが進行している。そもそもマクロ経済学で教える経済政策は、経済システムが規則的な景気循環を繰り返しつつも、安定している経済を前提にした政策にすぎず、構造的なスタグネーションには適用できないのだ。それではわが国のようなデフレに直面した経済にたいして、いったいどんな経済政策がありうるのだろうか。

2　デフレ克服のための政策はあるのか

インフレターゲット政策の危うさ

こうした政策の行き詰まりのなかで注目をあびているのが、インフレターゲット政策である。わが国において、インフレターゲット政策を最初に提唱したのは、P・クルーグマンの「罠に落ちた日本経済」（This is 読売、一九九八年九月）であった。その後、彼は機会あるごとに矢継ぎ早にインフレターゲット政策を主張してきた。それに刺激されたのであろう、わが国の多くの新古典派の経済学者たちも、インフレターゲット政策の導入を繰り返し主張してきた。〇一年度の『経済財政白書』は、同政策を政府の検討課題として位置づけている。アメリカ帰りの学者にかぎらず、IMFやOECD、世銀などのエコノミストたちも日本におけるインフレターゲット政策の導入を推奨している。まさに、インフレターゲット政策にむけて百家争鳴の観さえする。

前項で批判的に考察したIS-LM分析を用いて、クルーグマン（一九九八）の主張を再現してみよう。そこでは次式のようなフィッシャー方程式が用いられる。

市場利子率（i）＝実質利子率（r）＋期待インフレ率（π）

このフィッシャー式をもとに、経済の実体面をあらわすIS曲線は実質利子率（r）に規定され、また経済の貨幣面をあらわすLM曲線は名目利子率（i）に規定される。すなわち、

$$S(r,\ y)=I(r,\ y)$$

$$M/P=L(y,\ i)$$

クルーグマンによると、流動性の罠は名目利子率がゼロ（$i=0$）および実質利子率がゼロを下回る（$r \leqq 0$）ときに生じる。経済は完全雇用のもとで、投資を上回る貯蓄余剰をもっている（$S(0,\ Y_f)>I(0,\ Y_f)$）。こうして流動性の罠は図表4-2のように表される。

図表 4-2　クルーグマンの流動性の罠

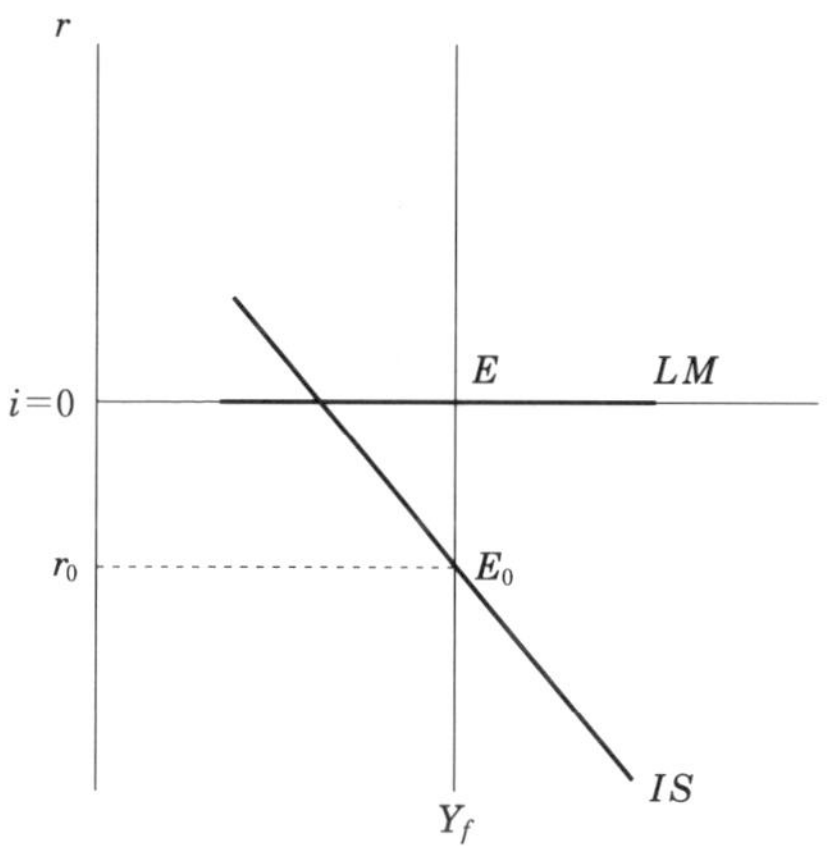

この図表から読みとれるように、完全雇用実質利子率は負（$r_0<0$）である。それゆえ、中央銀行がこの負の実質利子率を可能にするまで、将来のインフレ率を高めることを社会に納得させることができなければ、金融政策を用いて完全雇用を達成することができない。そこで、クルーグマンは期待インフレ率政策によって、LM曲線をIS曲線と交叉するE_0点までシフトダウンさせることを示唆するのである。

こうした分析をもとに、クルーグマンは具体的な政

策として、日本銀行は長期的なインフレ率の目標値を公表し、このインフレ率を達成すべく必要なあらゆる措置を実行する意思をも公表し、一五年間にわたって年率四％のインフレを実施することを提言する。

インフレターゲット政策がこのように要約されるとすると、それはこれまでわれわれが各章で展開してきた理論の全面的な否定につながりかねない。そこで、これまでの主張をもとに、総復習をかねてインフレターゲット論の理論的誤りを列挙してみよう。

①第1章の「ケインズの経済学方法論」を想い出してほしい。そこではケインズがある種のコンベンション主義にもとづく、共同体的プラグマティズムの思想に依拠していることを強調した。この共同体が具体的には家計・投資家・企業家という多元的な階層に分けられ、それぞれ異なる期待を抱き、自らの行動様式を形成するものとして把握されている。インフレターゲット論者の主張するような、すべての個々人が同じ考えのもとで合理的なインフレ期待を形成するといった考えとはほど遠い。

②クルーグマン・モデルでは、投資が実質利子率と市場利子率との比較考量によって決定される。われわれが第2章の冒頭で「自然利子率」概念を否定したように、貨幣的生産経済のもとでは実質利子率そのものが架空な概念だ。それに加えて、第3章の「金融不安定性仮説」で強調したのは、こうした投資と利子の単純な比較考量といった見方を否定することであった。そこでは資本主義的ファイナンスがストック・フロー両面において投資を決定するとともに、経済の不安定性を醸

しだすことであった。

③ インフレターゲット論者がしばしば利用するフィッシャーの方程式そのものにも疑義がある。この式が示しているのは、市場利子率（i）は貨幣価値の変動（期待インフレ率（π））を修正すれば実質利子率（r）に等しいことである。しかしこの想定はきわめて非現実的である。なぜなら、相対貨幣的価格理論ですでに論じたことだが、もし期待インフレが生じたとすると、財貨の価値はそれにおうじて現物‐先物市場でただちに変動する。これにたいして、貨幣貸付は事前に期間や利子にかんする契約が結ばれていて、同一期間内に修正することはできない。貸付は「貨幣保有者が、貸し出された貨幣の価値の貸付期間における予想的変化を相殺する利子率の変化によって、利益を得たり損失を蒙ったりする余裕はない」からである（JMK, VII, p. 142）。

④ インフレターゲット論者たちは、期待インフレによって、マイナスの実質利子率（$r_0<0$）まで市場利子率を引き下げる（E_0）ことを主張する。これは経済をして縮小均衡にいたらしめるであろう。誤りは、貨幣価値の予想的変化が、与えられた資本ストックの限界効率にたいしてではなく、直接利子率に影響をおよぼすと仮定するところにある。期待インフレ（貨幣価値低下）は資本の限界効率表すなわち投資需要表を高めることによってのみ所得を増加しうるというのが、より一般的な見方であろう。

⑤ クルーグマンの定義によれば、「流動性の罠」とは名目利子率がゼロまたはその近傍となるため、正統派の金融政策が無効になる状態である。この定義に沿えば、近年のわが国では短期金融市

場は流動性の罠に陥っていることになる。彼は「流動性の罠」という言葉のレトリックを誤用して、ケインズ本来の定義とは異なった定義を用いてインフレターゲット政策を主張している。両者の違いはきわめて重要な意味をもっており、このことについては引き続き検討することにしよう。なお、「インフレターゲット政策」の理論的問題点については、他の機会に論じたことがある。これについては原（二〇〇三）を参照されよ。

日本銀行の金融政策とその責務

二〇〇三年六月一日の日本金融学会春季大会において、福井俊彦日銀総裁が「金融政策運営の課題」と題して特別講演をおこなった（日本金融学会編「金融経済研究」第二〇号）。話が相前後するが、講演後の質疑応答で大変ショッキングな出来事を目にした。フロアーから、名うてのインフレターゲット論者で知られる伊藤隆俊教授が福井報告に「九五％賛成」との賛意を示したうえで、五％意見の違うところを質問された。これに答えて、福井総裁も伊藤の所論はすべて読んでおり、私も貴方の所論に「九五％以上賛成」だとしたうえで、その質問に答えられた。筆者には、お二人がまるでエールを交換されているようで、驚きを禁じえなかった。まことに不思議なことだが、あれほど騒擾さをつのらしていたインフレターゲット論者たちが、この福井報告を境にいっさい口を閉ざしてしまったのだ。その後、筆者はこの両者の応答が金融政策を評価するうえでいったいどんな意味をもっているのか、いつも気がかりであった。もしかすると、この両者の九五％の意見の一致は日本銀行の金融政策の行方を決定づけるものではなかろうか。

さて、福井報告は金融政策を取り巻く情勢の変化を示したうえで、「量的緩和という枠組みの機能」を明らかにし、さらに「金融政策を進化させるために」何をなすべきかについて、きわめて論理的かつ精緻なものであった。日銀が現在採用している金融政策の基本的枠組みである「量的緩和政策」にいたる経緯についてはすでにフォローしたので、その中身を考察しよう。この政策枠組みは三つの柱からなっている。

① 金融市場調節の主たる操作目標を、コールレートから日本銀行当座預金残高に変更したこと。

② この当座預金を円滑に供給するうえで必要と判断される場合には、長期国債の買い入れを増額する。

③ 消費者物価指数の前年比変化率が安定的にゼロ%以上となるまで、量的緩和の枠組みを継続する。いわゆる「時間軸効果」といわれるものである。なお、福井と伊藤の五%の相違は、この時間軸効果にかかわるものである。

こうした政策枠組みは、速水前総裁のもとで、二〇〇一年三月に決定された。当初、日銀当座預金残高は五兆円程度であったが、〇二年一〇月には一五～二〇兆円となるよう調節された。さらに福井総裁に引き継がれてから異様な速さで量的拡大がすすめられている。就任直後の〇三年四月には一七～二二兆円から二二～二七兆円に引き上げられ、同年五月から二七～三〇兆円へと矢継ぎ早に引き上げられた。足下（〇四年一月二〇日）では三〇～三五兆円程度である。その結果、量的緩和政策導入後のマネタリーベースの増加は著しく、とくに〇二年四月には三六・三％増になった。この増加率は狂乱物価時代の一九七四年四月以来のものである。それにもかかわらず、マネーサプライ（M_2+CD）の増加率はわずか三・六％程度で、九〇年代後半とあまり変化がみられない。こうしたマネーサプライの動きをみるにつけ、H・タウンジェント（一九三七）の主張が注目される。

任意の貨幣量は、どんなに少なくとも、理論上は一定の価格を支えるし、それが十分速く流通するならば、どんな高い価格でも維持するであろう。さらに、任意の貨幣量はどんなに多くとも、それがまったく流通しないならば、ゼロの物価と両立しうるし、あるいはそれが十分緩慢に流通するならば、限りなく低い物価と両立する。

このタウンジェントの見方は、日本の現況を的確に示しているだけでなく、金融政策の今後の行方を見定めるうえで、きわめて示唆に富んだ見方である。

こうしたいわゆる金融の目詰まり現象から、新たな金融調節手段の拡充策もとられてきた。とりわけ重要なのは、〇三年四月に決定された日銀の資産担保証券（ABC）の購入であろう。ABCは中小企業の債権を証券化したものだが、金融機関との取引が原則の中央銀行が民間の債権を買い切ると同時に、クレジット・リスクをもつ資産の購入に一歩踏み込んだという点で、「異例の措置」である。政府、与党の一部で求められている株価指数連動型投資信託（ETF）や不動産投信（R

ＥＩＴ）購入への先駆けにならないことを願うのみだ。

こうした日銀当座預金残高の増加にともない、長期国債買入れ規模も月額四〇〇〇億円から月額一・二兆円まで引き上げられ、〇四年四月現在で国債保有額は一〇〇兆円にまで膨張している。量的緩和政策によって日銀が国債を購入すると、国債購入の代金として支払われた資金は民間銀行に流入する。しかし、民間銀行には資金の運用先がないので、この資金は銀行内に滞留することになる。日銀はデフレ対策だと称して、量的緩和の効果も見定めることなく、際限なく日銀当座預金を膨らませ、その見合いで国債を際限なく購入すればよいかといえば、決してそうではない。いったん金融政策の規律が損なわれると、思いのほか短期間のうちに、通貨の信用制度そのものが危機に瀕する可能性を含んでいるからである。

この点にかんして、速水前総裁と福井総裁の政策スタンスの違いが気がかりだ。速水前総裁は、実業界の経験をふまえて、金融政策はあくまでも「予防的」なものであって、「主導的」なものにはなりえないことを強く認識していた。速水によれば、「そもそも金融政策は、需要を直接作り出せるものではありませんし、ましてや、構造政策を代替するものとはなりえません。……しかし私は、中央銀行としてできる限りの政策努力を重ねたうえで、その効果を十分に発揮させるためにも構造問題の解決が必要不可欠であることを、強く訴え続けていくべきであると考えました」（「日本経済の再生に向けて」『週刊東洋経済』二〇〇二年二月九日）。

これにたいして福井総裁は金融政策の「予防的」な性格から次第に「主導的」立場に踏み込むよ

うになった。福井によると「量的緩和はデフレをくい止める効果があったのだから、経済が前向きに動いているいま、それを後押しする力がある」として、景気回復を後押しする効果を強調する。こうして事実上そのスタンスをはっきりリフレーション政策へ切り替えたといってよいのではなかろうか。この両者の政策スタンスの相違には、古くして新しい銀行主義vs通貨主義という政策思想の違いが垣間みられる。今後、両者の違いが日本経済にあたえる影響は計り知れないものとなろう。

「流動性の罠」とリフレーション政策の行方

すでに予告しておいたように、「流動性の罠」について再論し、それとのかかわりで日銀の金融政策の行方を見定めてみよう。周知のように、「流動性の罠」というタームはもともとケインズによって論じられたものである。彼によれば、短期利子率は金融政策を用いて容易に操作できるが、長期利子率の引き下げはいっそう手に負えないものである。クルーグマンの短期政策金利にもとづく定義との違いに注目しよう。一見すると、長期利子率を短期利子率の将来の経路とみなせば、さしたる相違はないようにみえるが、そうではない。流動性選好によって決定される長期利子率は、短期利子率とは違って、将来の不確実性にさらされるからである。こうした不確実性の影響が長・短市場利子率によって異なるのは、もともと短期・長期債券がその性格をまったく異にするからである。

このことを具体例をあげて説明しよう。銀行の短期貸出の典型である手形の割引は、個人信用を銀行信用に転換することによって、ただちに流動性が回復され、不確実性にさらされることはない。これにたいして、長期債券の典型である一〇年物国債だと、それはおもに高速道路やダム建設などの公共投資にファイナンスされる。これらの施設への投資から生み出される価値は、やがて生産やサービスのうえに完全に移転しつくされるが、それまでには少なくとも四〇~六〇年の歳月を要する。その間、社会全体からみてこれらの諸施設の流動性が回復されることはないし、価格変動やさまざまな要因から生じる不確実性にさらされるであろう。

こうした資産の基本的性質の相違を認識したうえで、ケインズの定義が導かれる。「流動性の罠」とは、長期利子率がある水準まで低下した後では、ほとんどすべての人が低い利子率しか生まない債券を保有するよりも、現金のほうを選好するという意味において、流動性選好が事実上絶対となる状態である（JMK, VII, p. 207）。

現在、わが国の長期金利は一時期には一〇年国債で〇・五%、三〇年国債で一・〇%程度の水準まで低下した。このことは民間の市場参加者からみて、長期国債すらも、日本銀行当座預金との違いがきわめて小さい資産になってきていることを意味する。まさにケインズの意味での「流動性の罠」に陥った日本経済だ。足下では、国債が買いすすめられて、一〇年物国債は一・八%台を回復している。

もともと利子率は高度に慣行的な現象である。その値は、その値がどうなるかと期待されるかについての一般的な見解によって著しく支配されるからである。われわれが第1章の「ケインズの哲学」で学んだように、こうした落ち着きをもち変動しにくいコンベンションは、ある日突然に崩壊し、前ぶれもなく人々の行動を支配する。長期利子率はまさにこうした不確実性にさらされている。たまたま九八年から九九年にかけて、長期金利が一％から二・二五％までジャンプしたことがある。この急上昇の原因は、政府の資金運用部による国債購入の停止という「噂」による国債価格の暴落だったようだ。さらにまた、〇三年六月に長期金利は史上最低の〇・四三％を記録したあと、わずか三カ月後の九月には一・七六％まで跳ね上がった。このときの高騰は、株高による景況感の改善にともない、日銀による量的緩和政策の解除が近いとの「噂」が原因だといわれている。

ことほどさように、市場関係者にはGDPの一五〇％、四五〇兆円もの大量の国債発行への根強い不信のなかで、長期金利の動きに疑心暗鬼の眼をそそいでいる。まさに薄氷のうえで踊る日本国債である。インフレターゲット政策にせよ、日銀の「時間軸効果」政策のいずれにせよ、リフレーション政策によって「消費者物価指数の前年比上昇率が安定的にゼロ以上」になったことを社会に信認させることができたとしても、同時に、その結果として長期金利の上方シフトが生じないという信認を確保しなければならない。これは大変な注文だ。事実、〇四年度の景気回復をむかえて、長期金利は量的緩和政策導入後もっとも高い一・八％台の水準がつづいている。こうした急速な金利上昇が企業の設備投資や個人消費の拡大に水を差し、景気腰折を招く懸念が生じている。日銀が量的緩和政策からの「出口」を誤るならば、国債価格が急落し、一〇〇兆円を超える大量の国債を抱えた銀行や保険、年金基金などの資産内容が悪化して、再び金融不安につながりかねない。

これまでの日銀の政策運営を振り返ってみると、平常時の景気の動きにかんしては、きわめて慎重な行動をとって、その調整機能をはたしてきた。しかし、経済の節目ともいえる大きな出来事に遭遇したさいの日銀のトラック・レコードは必ずしも芳しくない。一九七一年のドル・ショック時には、日銀は大量のドル買い支えによって、過剰流動性を生みだした。七三～七八年の石油ショックのおりには、消費者物価や卸売物価が年率二〇～三〇％も上昇する狂乱物価が生じた。さらに八〇年代後半のバブル期に金融緩和政策をとりつづける過ちをおかしたことも記憶に新しいところである。

量的緩和策によって、お金が「じゃぶじゃぶ」している現状をみるにつけ、なんらかの出来事を契機に、インフレが「燎原の火」のごとく燃えさかることになりかねない。為政者は、ともすればインフレの誘惑に陥りがちである。彼らの深層心理には、国民生活を苦渋に陥らせることとは無関係に、インフレによる財政負担の軽減、企業債務の軽減、仮需要の下支えという「一挙三得」の思惑が見え隠れしているのではあるまいか。これまでは過去の金融政策の失敗を、前近代的な旧日銀法の欠陥につけいる政治の干渉にかこつけることもできたであろう。しかし、新日本銀行法のもとでその独立性が確立されたからには、日銀の負うべき責任はきわめて大きいといわなければならない。

3　小泉構造改革で日本経済は変わるか

いまなぜ構造改革が必要か

二〇〇一年四月に小泉政権がスタートしてから、すでに三年余の歳月が経過した。この間、日本経済は長期のデフレから脱しえないまま、現在に至っている。これまでデフレ対策としてのインフレターゲット政策ならびに金融政策について考察してきた。残された政策は小泉構造改革である。小泉政権は「構造改革なくして成長なし」をキャッチフレーズに、不況からの脱出をはかり、新たな経済発展を目指そうとしている。

小泉政権がスタートした直後の「骨太の方針」（〇一年六月）は、その道筋をこんなふうに描いている。「市場の活用と競争をつうじて、効率性の低い部門から効率性の高い成長部門へヒトと資本を移動することで経済成長をはたす」。そのためには「日本の潜在力の発揮を妨げる規制・慣行や制度を根本から改革する必要がある」。こうした基本方針にそって、不良債権処理を再生の第一歩と位置づけ、特殊法人処理、とりわけ道路公団の民営化、国と地方の税財政改革、郵貯の公社化、財政規律の回復、年金改革など、経済の市場化のための制度インフラの整備を目指そうとするのである。すでにさまざまな改革方針が打ち出され、改革の具体的な方向づけとして、「特殊法人等整理合理化計画」（〇一年一二月）、「郵政三事業の在り方について考える懇談会報告書」（〇二年九月）、

「道路関係四公団民営化推進委員会報告」（〇二年一二月）「規制改革の推進に関する第二次答申」（〇二年一二月）などが報告されている。まずこれらの報告書で指摘されているいくつかの問題点をフォローしたうえで、〇三年中に一応の決着をみた個別のテーマをより詳細に考察することにしよう。

八〇年代末のバブル期に、一三〇〇兆円もの資産があだ花のように消失し、そのあげくのはてに累積した厖大な不良債権の処理が経済再生のために急がれる。かつては民業の補完的な役割をはたし、経済成長を支えてきた特殊法人などが一六三もの数にたっし、むしろ民業を圧迫するだけでなく、その非効率な運営によって、年間約三〇兆円にものぼる巨額の財政支出に依存している。とくに日本道路公団など四公団は「土建国家」の中核的役割をはたし、政・財・官の癒着の象徴ともなっている。八〇年代以降、世界の潮流となっている地方分権の促進も急がれる。補助金や交付金を見直し、自治体に税財源を渡し、地域のことは自分たちでやってもらう。これが小泉首相の口にする「三位一体改革」である。小泉首相の持論である郵政民営化は、〇四年度からの集中審議が予定されている。三六〇兆円にまで肥大化した郵貯・簡保資金が、公的部門につぎ込まれる金融システムの歪みを、はたして解消できるだろうか。国が財政赤字を垂れ流すのも、郵貯や簡保があるからだ。その構造にメスを入れなくてはならない。政府は、すでに〇七年四月の郵政民営化の実施のさいに、財投債（国債の一種）の引き受け義務を継続する方向で検討に入った。これでは郵政民営化の本質を見失いかねない。

小泉首相は構造改革を掲げ、各種委員会の「報告書」をつうじて、国民のまえに日本経済が抱えているさまざまな深刻な問題をさらけ出した。これによって経済問題を広くわれわれ国民に身近なものとし、歴代の内閣と比べその説明責任を果たしたことはある程度評価できるであろう。問題は、日本の未来を開くために、小泉首相が自民党に基盤をおきながら、どれだけ改革を進められうるかどうかにかかっている。

不良債権の処理

一九八〇年代の終わりから九〇年代の初頭にかけて大量の不良債権が発生したことはすでに前章でみてきた。小泉政権は、不良債権の処理を構造改革の第一歩だと位置づけて、その解消に力をそそいできた。不良債権の重荷で、金融機関が機能不全に陥って、国内の資金の流れが滞り、新たな投資が出てこないと考えるからである。

一九九七～九八年は、戦後はじめて大手の北海道拓殖銀行、日本債券銀行、日本長期信用銀行が相次いで多額の不良債権をかかえて破綻した年として記憶されよう。こうした危機を回避すべく、九九年には大手都銀にたいして、一〇兆円もの公的資金が投入された。金融界では金融危機を回避すべく、合従連衡による「規模」の利益を追求しようとして、〇一年春には、四大銀行グループであるみずほグループ（第一勧業・富士・日本興業）、三井住友グループ（三井・住友）、三菱東京グループ（東京三菱・三菱信託）、UFJグループ（三和・東海・東洋信託）が形成された。さらに〇二年にはりそなグループ（大和・あさひ）が新たにスタートした。〇四年七月にはUFJグルー

図表 4-3　不良債権処理額の推移

（兆円）

	92	93	94	95	96	97	98	99	2000	2002	累計
全国	1.6	3.9	5.2	13.4	7.8	13.3	13.6	6.9	6.1	9.7	81.5
都長	1.6	3.9	5.2	11.1	6.2	10.8	10.4	5.4	4.3	7.7	66.7

（資料）「日本銀行調査月報」2002 年 11 月号.

プの経営悪化により、その合併をめぐって混迷がつづいている。こうした再編にもかかわらず、不良債権処理はまだ十分には解決されていない。

この不良債権問題にかんして、日本銀行政策委員会が〇二年一〇月一　日に公表した「不良債権問題の基本的な考え方」（『日本銀行調査月報』二〇〇二年一一月号）は、次のように分析する。わが国の不良債権問題は、「バブルの負の遺産の処理」だけでなく、「産業構造や企業経営の転換・調整圧力を背景に新規の発生する不良債権への対処」という性格も加わりつつある。その意味で、金融と産業双方にわたる日本経済の構造調整と密接不可分の問題として捉える必要がある。

不良債権というのは、金融機関にとって、約定どおりの返済や利息支払いが受けられなくなった貸出債権のことであるから、不良債権にはその鏡像ともいうべき企業の過剰債務がかさなっている。だから、企業が不況で苦しんでいれば、融資が不良債権化するリスクをつねに抱えていて、企業経営がよくならないかぎり、銀行の不良債権問題の解決もありえない。ここに不良債権処理の難しさがある。まず、不良債権処理の実態からみてみよう。

金融機関による一九九二～二〇〇一年度の不良債権処理の累計額（破綻行を含む）は、図表4-3にみられるように、すでに八一兆円にもたっしている。

それにもかかわらず、未処理の額は四六兆円を超え、不良債権問題は引き続き金融システムの最大の不安定要因となっている。

政府は、整理回収機構（RCC）の機能強化（〇一年九月）と産業再生機構（IRCJ）を設立（〇三年四月）して不良債権の処理をすすめている。RCCはその機能強化後の〇二年九月末までに、破綻金融機関から約四兆七〇〇〇億円（簿価ベース約二一兆三〇〇〇億円）、健全銀行からの不良債権の買取額は一四〇〇億円（同約二兆円分）にもおよぶ債権を買い取ってきた。

それにもかかわらず、経済の構造調整にともなう不良債権の新規発生が高い水準でつづく一方で、金融機関の貸出利鞘が依然としてきわめて薄い状況がつづいている。不良債権問題は、金融機関の経営体力や収益力との対比では、むしろこれまで以上に厳しい状況に直面しているといえよう。

問題は、わが国金融機関の収益力がきわめて低く、信用コストを十分カバーできないことにある。とくに、株価の急速な下落にともなう含み益をほぼ使い尽くしており、経営上のバッファーはきわめて乏しい。すでに第3章でみたように、信用コスト控除後の貸出利鞘は、バブル崩壊後多くの年度でマイナスを記録し、銀行経営の困難さをうかがうことができる。

こうした事態をふまえて、政府は金融機関の自己資本比率の低下を補強するため、再度にわたって金融機関へ公的資金を投入してきた。その投入額をみると、九七～九八年の金融危機にさいして旧長銀・旧日債銀への約一一兆五〇〇〇億、九九年には大手銀行へ一〇兆五〇〇〇億、〇三年のりそな特別支援二兆円程度と、合計二五兆円にも達する公的資金が投入された。こうした公的資金の投入によって、かろうじて金融危機は回避されているものの、デフレの進行につれて、事態はさらなる厳しさを加え、とりわけ地方銀行への公的資金注入が焦点となっている。

〇二年一〇月には、「不良債権問題の終結に向けたアクションプログラム―主要行に対する公的支援を通じた経済再生」が発表された。それはきわめて厳しいもので、概要は次のようなものであった。①資産査定の厳格化、②自己資本の充実、③ガバナンスの強化、④公的支援を通じた銀行の改革、⑤予防的な資本注入を可能にする新法制定の検討。このように竹中案は、そのサブタイトルが示すように、主要銀行の経営陣刷新を前提に、公的資金による資本注入や国有化などの「公的支援」による不良債権処理を強制的に促すものであった。それだけに市場関係者に動揺をあたえ、東京株式市場はバブル後最安値を割り込んだ。いわゆる「竹中ショック」である。

こうした経緯のなかで、政府は「改革加速のための総合対応策」(〇二年一〇月三〇日)を発表した。この総合デフレ対策は不良債権処理と産業再生および倒産・失業の増加に備えた安全網の整備を三本の柱とするものであった。不良債権処理とのかかわりで、目新しいところといえば、企業の再編・再生の中心となる「産業再生機構」の新設であろう。銀行の不良債権と企業の過剰債務は鏡像であるから、本来は整理回収機構と産業再生機構は当初から車の両輪でなくてはならないはずだ。産業再生機構が〇三年六月になってようやく業務開始したというのは、あまりにも遅きに失したといわざるをえない。

注意しなければならないのは、金融機関も借り手企業も迅速に同時に処理できるというイメージができあがっていることである。銀行の財務内容を正常化するだけであれば、一、二年もあれば事足りよう。しかし、借り手企業を再生させたり市場から退出させたりして、産業全体が健全経営にもどるようになるには、数年度の時間を必要とするであろう。事実、当初「産業再生機構」は経済活性化の切り札とも位置づけられていたが、事態は思うようには進展せず、業務を開始して一年後、支援を決めた件数は一三にすぎず、当初の方針にはほど遠い。いまでは銀行が不良債権処理を勧めるさいの「選択肢の一つ」といった評価が定着しているようだ。竹中経財相に代表されるような「デフレは貨幣現象」などという短絡的な認識からは、本格的な経済政策など生まれるはずがない。

道路関係四公団の民営化

特殊法人は、戦後の国民生活復興を効率的に行うという目的のもとで設立されてきた。しかし、時代の推移につれて、その目的から大きくそれて非効率な運営をつづけ、その「陰の借金」は三〇〇兆円を超えるほどだといわれている。それだけではない。政・財・官の「鉄の三角形」ともいえる癒着の構造を形成し、民間の企業活動を阻害している。特殊法人の抜本改革は小泉構造改革の中核をなし、その「中身」の徹底した見直しが景気の行方を大きく左右するであろう。改革推進本部の「特殊法人等整理合理化計画」によれば、一六三の特殊法人等は大幅に整理され、一七法人が廃止、四五法人が民営化、三八法人が三六独立行政法人化することなどが決められている。この独立行政法人化した法人も、実態上は複数法人の統合にとどまり、組織管理の仕組みや事業内容も大枠は変わっていない。

この特殊法人の中核をなすのが道路関係四公団民営化である。道路公団民営化は特殊法人の改革にとどまらず、この国の公共事業を支配してきた政官業の癒着と激しくぶつからざるをえない。それだけに当初から改革の難しさが指摘されていた。道路公団民営化への道のりを二つの段階にわけフォローしよう。つまり、一つは民営化の組織形態を上下一体か上下分離かの議論、いま一つは上下分離を前提にしたうえでの議論である。

道路関係四公団民営化推進委員会（以下、推進委員会）は、〇二年八月に「中間報告」を発表し、上下分離案が示された。上下分離というのは、「上」は高速道路の管理と建設を受け持つ民営会社、「下」は四公団の道路資産と借金を引き継ぐ公的組織「保有・債務返済機構」である。保有機構は民営化会社が支払うリース料のなかから建設費を民営化会社に支出する。この上下分離案をめぐって、賛否両論の激しい議論がたたかわされた。

上下分離論者の主張はこうである。①道路公団の財務内容は予想以上にわるく、このまま民営化しても、巨額の国民負担なしには早期の株式公開は無理なことが分かった。そのため、「上下分離方式」を採用したほうが、新線の野放図な建設には歯止めがかけられる。②上下分離案は、道路が公的機関によって保有することを根拠に、道路に対する固定資産税は免除され、建設は出資金や財政投融資資金でまかない、債務の返済後には道路は国有資産となり、将来には無料化することができる。

これに対して分離反対論者は次のように主張する。①四公団が四〇兆円もの借金を背負い、実質的な債務超過に陥りながら、さらに借金を重ねて採算のとれない高速道路を造りつづけるわけにはいかない。②上部の民間会社が資産をもたなければ、施設の改善、安全確保、経営へのインセンティブが働かない。上下分離したばあい、責任が下部の公的組織に分散し、高速道路全体のガバナンスがきかなくなる。③上下分離案は、民営化の形をとりながら、実質的には道路建設の判断を国土交通省や所管の公的組織に委ねる仕組み。国交省や自民党道路族がのみやすい形態だ。

こうした賛否両論が拮抗したまま、道路四公団の民営化推進委員会は、今井委員長が土壇場で辞任するという異例の事態のなかで、「最終報告書」を発表した。要約すると次のとおりである。

① 組織形態は、高速道路の管理と建設をになう民営化会社（上）と、四公団の道路資産と債務を引き継ぐ保有・債務返済機構（下）を設立する「上下分離方式」を採用。その発足後一〇年をめどに上下分離を解消する。

③ 今後の高速道路の建設は、民営化会社が「経営状況、投資採算性」にもとづいて判断し、自主的に決定する。建設費は会社の自主調達とする。

③ 四公団を民営化した上部組織の会社は、「東日本」、「中日本」、「西日本」に三分割する。四〇兆円の借金返済を最優先し、新しい道路に厳しい歯止めをかける。

④ 民営化会社が発足後一〇年をめどに保有機構の道路資産を買い取り、早期に上場し、最終的には国が保有する全株式の売却を目指す。

この報告書は、民営化後の高速道路建設に一定の歯止めをかける内容になっているので、ある程度の評価をうることができる。四公団で総額四〇兆円にのぼる借金を約四〇年間で元利均等返済することで、料金収入を建設にまわす余裕はなくなるからである。発足後一〇年をめどに上下分離が解消されると、不採算路線の建設はますます難しくなりそうだ。

この最終報告をうけて、国交省はより具体的な基本的な枠組みとして三案を政府・与党の協議会に提出した。

A案——推進委の意見にそった内容であり、道路建設は新会社の自主判断で、建設費は自己資金と借入金で賄う。

B案——道路を建設するうえで、新会社が建設費を自己調達する。

C案——新会社が保有・債務返済機構にリース料を支払い、そこから機構が建設費を賄う。

この三案はなんの変哲もないようにみえるが、本質的に異なる案だ。C案は、既存路線と新規路線の料金収入を機構側でプールして直接的に建設に回す従来方式である。B案は、資金の担保は料金収入で、有料路線の収入を見込んで建設を続ける現行の「プール制」と発想は同じだ。しかも、資金調達にははっきりと政府保証をつける考えだ。これは郵貯などの巨額の公的資金の流れを熟知した官僚の常套的なやりかただが、自己調達の名のもとに事実上の国債発行をともなう手法にすぎない。

まことに見事な官僚の演出というべきだろう。A案は民営化推進委員会案、C案は道路族案、そしてB案は両者の中をとった折衷案だ。折衷好みの日本人である。小泉首相は、現在の高速道路整備計画（九三四二キロ）の完成を可能にするB案を採用する方針を固め、〇三年一二月二二日の政府・与党協議会で正式に決定した。鳴り物入りで就任した推進委員会のメンバー三人が辞任し、道路民営化委員会の機能は事実上停止した。

二〇〇四年四月には、道路公団の民営化関係四法案が国会に提出され、与党の賛成多数で可決・成立した。こうして、借金返済よりも建設を優先し、計画されていた高速道路整備計画を全線完成させる枠組みを維持して決着した。この国の病原ともいうべき「土建国家」の政治構造が、こうした結論を導いたのである。

地方分権への三位一体政策

わが国は明治維新の近代国家形成の過程で、中央集権化がすすんで今日におよんでいる。とりわけ、戦後の高度成長時代に、政治・経済・文化などあらゆる分野で中央集権化がすすんだ。こうした傾向に歯止めをかけ、国と地方で行政や財政の役割分担を見直し、①国から地方へ税源の委譲、②補助金の削減、③地方交付税の見直し、を「三位一体」で改革しようというのである。欧州諸国ではこうした地方分権がすすんでおり、日本でもそのあり方が改めて問われている。

一九九三年の地方分権推進への国会決議から始まる地方分権の流れをうけて、九五年には村山内閣によって「地方分権推進に関する大綱」が制定された。この大綱のもとで設置された地方分権推進委員会は、ターゲットを機関委任事務の廃止に集中させた。機関委任事務というのは、国が地方自治体の首長に強制力をもちいて実行をもとめるもので、これを廃止しなければ国と地方は並列的な関係にならない。同委員会はこうした趣旨を盛り込んだ「地方分権一括法」を成立させ、二〇〇〇年より施行されることになった。この施行によって、自治体の権限は格段に強くなったが、そのとき残されていたのが、税財源の地方への配分であった。

図表 4-4　国の予算と地方財政の関係

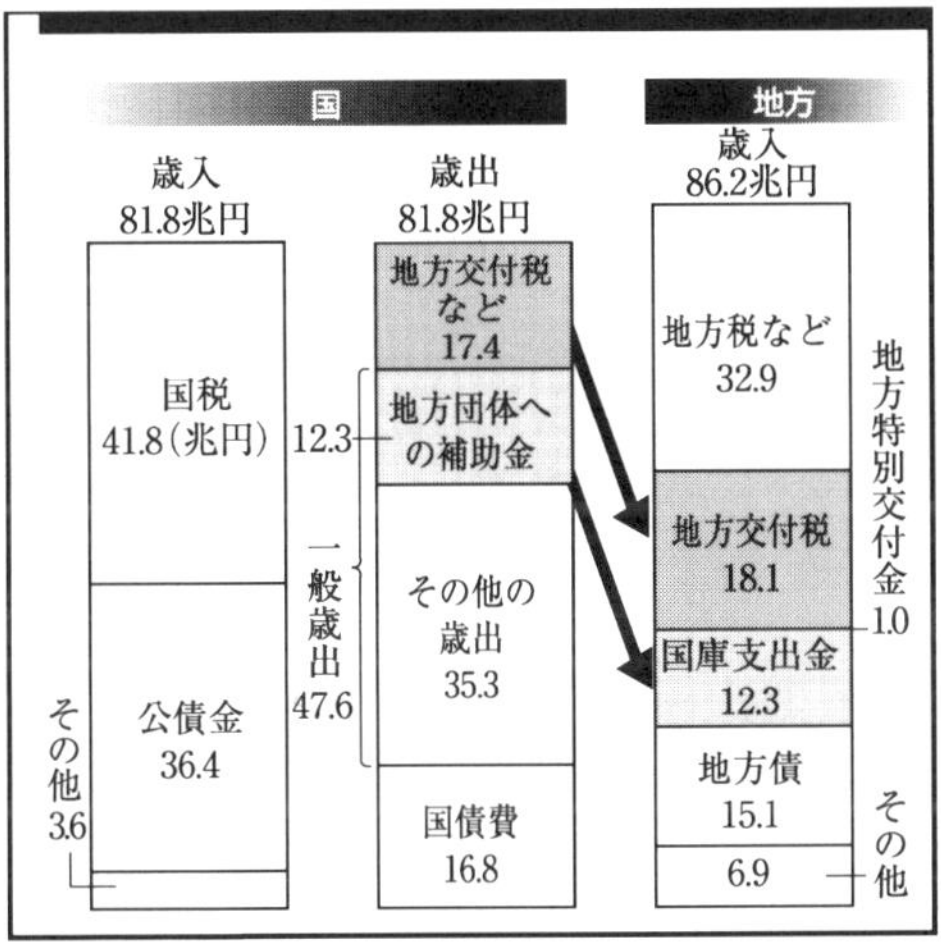

（資料）総務省資料（略図）.

こうした流れをうけて、小泉政権は〇三年六月の「骨太の方針」第二弾において、補助金の削減・地方交付税見直し・税源委譲のいわゆる「三位一体」の改革を掲げた。この改革の推移いかんによっては、この国のあり方そのものが変わるであろう。

まず、実際に国の予算と地方財政の関係がどのようなものか、事実関係を明らかにしながら、問題点を浮き彫りにしよう。

図表4-4は国の予算と地方財政計画（平成一五年度）を概略したものである。〇三年度予算をみると、国の税収は四一・八兆円、

地方の税収は三二・九兆円であり、両者はざっと六対四の比率である。ところが、実際の支出は地方のほうが多く、国が補助金や地方交付税など三〇兆円余の資金を地方に助成して、そのギャップを埋めている。この仕組みを改め、国税の一部を地方税に譲り、自治体が自由に使える資金を増やそうというのが「税源委譲」である。

こうした国の予算と地方財政の実態を念頭にしながら、どのような制度改革をしようとしているのだろうか、その方向を考えてみよう。小泉首相のもとに二つの諮問機関が設けられている。一つは地方分権改革推進会議（以下、分権会議）であり、いま一つは地方制度調査会（以下、地制調）である。両者の提言を比較してみるとその違いが明らかである。まず税源委譲について、分権会議は、国・地方の歳出の見直しと税制改革が行われるまで、本格的な税源委譲を先送りするとする。一方、地制調は、基幹税を中心に、国と地方の税収配分を一対一にする。この税源委譲の問題は、この国の税体系を抜本的に変えるほどの重要な問題であるにもかかわらず、まったく対照的な提言がなされている。

補助金についてはどうであろうか。〇三年度予算で自治体向けの補助金は約一七兆円であるが、図表では、予定した事業を実施するのに必要とされる金額一二・三兆円が計上されている。この補助金の削減は、各省庁の権限縮小につながるだけに、意見の分かれるところだ。分権会議は一一項目――義務教育や保育所運営、介護保険を含む――の補助金約九兆円をあげ、「改革と展望」の期間中（〇三～〇六年度）に数兆円削減することとして、具体的な目標数値はあげていない。地制調も目標値をあげていないが、国の歳出削減を地方へ負担転嫁すべきでないことを強調する。

地方交付税についても問題が多い。地方交付税はもともと地方財政調整制度の一つであって、地方自治体の財源の均衡を図るため、国庫から地方公共団体に交付するものである。分権会議では地方交付税の「法定率分」は将来地方税と位置づけ、自治体間の水平的調整をする「地方共同税」(仮称)は一つの選択肢だとする。これに対し地制調は、財源調整・財源保証機能を一体として果たした役割を重視する。問題は交付税の特別会計が事実上、破綻していることだ。八六年以降地方交付税率は原則として三二%であったが、〇三年度は約四二%まで上昇している。バブル崩壊後、税収減もあるが、国が景気対策に地方を動員するために交付金を補助金のように使って総額を膨らませた。自治体が公共事業のため借金すると、その返済を後から交付税で面倒をみる手法が使われた。その結果、借入金累計が一〇年前は約三・八兆円だったが、いまや四八・五兆円まで膨張している。

こうした二つの諮問機関の提言が分裂するなかで、政府の「三位一体の改革」全体のヴィジョンが、二〇〇三年六月の「経済運営と構造改革にかんする基本方針二〇〇三」(骨太方針二〇〇三)で決定された。それは大要つぎのようなものである。

① 国庫補助負担金の廃止・縮減については、概ね四兆円程度を目途に廃止・縮減等の改革を行い、そのさい、公共事業関係の国庫補助等についても改革する。

② 地方交付税については、地方財政計画の見直しを行い、地方交付税総額を抑制し、財源保証

機能を縮小していく。

③ 税源委譲については、廃止する対象事業のなかで引き続き地方が主体となって実施する必要のあるものについては、基幹税の充当を基本に税源移譲する。税源移譲にあたっては、個別事業の見直し・精査をおこない、補助金の性格等を勘案しつつ八割程度を目安として移譲し、義務的な事業については徹底的な効率化を図ったうえでその所要の全額を移譲する。

こうした「三位一体の改革」をみると、制度調査会の提言を一部含み、ある程度の内容をもったようにみえる。肝心の税源移譲では、国税の一部を地方税に譲り、自治体が自由に使える税源を増やす。補助金の削減についても、義務教育や保育所運営、介護保険など生活に蜜着したものは除く。地方交付税については、財源保証機能の縮小と交付税額の算定のもとになる地方公務員数や、地方単独の公共事業費の削減などを盛り込んでいる。しかし、この改革案には必ずしも具体的な内容が明確でなく、先延べにされて〇四年度の予算編成に任されることになった。

二〇〇四年度予算によると、国庫補助負担金および地方交付税等の大幅削減が現実のものとなった。補助金は一・三兆円の廃止・縮小である。その内訳は、①地方に事業が残るもの（義務教育、保育所、介護）四七五〇億円、②地方に事業が残らないもの五五三〇億円である。①のみ税源移譲の対象で、②は全額カットである。これでは地方に適した事業の財源がないだけでなく、政府直轄の公共投資にはいっさい手つかずで、「土建国家」の体質は残されたままである。いまひとつ、政府の改革案である程度予想されていたことであるが、地方交付税の総額は一・九兆円で、対前年比一二％の大幅減額である。

本来、「三位一体改革」は国と地方の権益構造を抜本的に見直す改革であって、地方自治体が自らの判断で使える「自主財源」（地方税や地方交付税）をどの程度もつべきかを出発点にしたもののはずだ。現実には、むしろ地方の財政基盤を損ない、その裁量権を損なう改革になってしまった。補助金や地方交付税の改革の原則を示さないままに現場に丸なげしても、関係省庁の権限に本当に切り込むことはできない。三位一体改革の関連三法は〇四年三月に成立した。これをうけて、〇四年八月には全国知事会など地方六団体は、政府から要請された補助金削減案を正式決定した。これによって国から地方に事業の権限と財源を移す抜本改革の第一歩を踏み出したといえよう。

たしかに、小泉首相が掲げる構造改革は、自民党が長く培ってきた利権構造や中央官庁の権益と正面からぶつかる。これまでタブー視されてきた領域に踏み込んだ意欲はよい。しかしながら、道路公団の民営化にしろ、国と地方の三位一体改革、さらに郵政民営化にしても、広い意味での公的資金――郵便貯金・簡易保険、公的年金および公的医療・介護保険など――の流れに抜本的なメスが加えられないかぎり、制度インフラをいくら動かしてみても構造改革はすすまないであろう。まことに理念なき小泉構造改革というべきである。

理念なき小泉構造改革

地方分権改革の先駆けとして、当初より献身的な役割をはたしてきた神野（二〇〇二）は、地方分権の歴史的意義をおおよそ次のように述べている。第二次大戦後に先進諸国が追求してきた福祉国家は、中央集権的国家であった。それは参加なき所得再配分国家だといいかえてもよい。ところが、一九八〇年代からヨーロッパではグローバル化に対応して、地方分権が推進されていく。国民国家の機能がEUのような超国民国家機関に委譲されていくとともに、地方自治体にも福祉機能が委譲されていくという現象が生じてくる。こうした地方分権という改革によって、地方自治体が財政的自己決定権を強めることが、ヨーロッパにおける「サステイナブル・シティ」を合言葉に推進されていく地域再生の前提となる。

ヨーロッパの地方分権は、一九八五年に制定されたヨーロッパ地方自治憲章がシンボルとなっている。この憲章では補完性の原理を規定している。つまり、個人でできないことは家族が、家族ができないことは市町村が、市町村ができないことは県が、県ができないことは国が、国ができないことはEUという補完性の原理にもとづき、「公共部門が担うべき責務は、原則として、もっとも市民に身近な公共団体が優先的にこれを執行するものとする」と規定しているのである。ヨーロッパ評議会に加盟する四〇カ国のうち三〇カ国を超える国が、ヨーロッパ地方自治憲章を批准していることからみても、ヨーロッパにおいて地方分権は一九八〇年代から大きなうねりとなってきているといってよい。

われわれはともすればアメリカン・グローバリズムだけが世界の潮流だと短絡的に錯覚して、ヨーロッパにおける地方分権の歴史の流れに無知でありすぎた。このことは地方分権の問題にかぎったことではない。小泉構造改革そのものがおなじ轍を踏んでいるのではあるまいか。

小泉構造改革の理念は、現代の新古典派の理論を基底とする、新自由主義の「市場の論理」である。いまの日本経済は、政府がさまざまな規制をもうけて自由な企業活動を妨げていて、その潜在力を発揮できていない。市場経済の原理を働かせれば、日本経済は再生するというのである。政府規制の撤廃と福祉政策のカットで「小さな政府」をめざしたことで知られるのが、八〇年代の英国のサッチャー政権と米国のレーガン政権である。小泉改革が、「二周遅れのレーガノミックス」だと揶揄される所以である。

これまで小泉政策について考察してきたように、構造改革がどのようなタイミングでデフレの克服に結びつくのか、このもっとも肝心な点が曖昧である。この曖昧さは、政官財癒着の阻害要因があるにしても、もっと本質的な新自由主義のよって立つ市場観によるものであろう。市場というものは、放っておいても自動的に動くものであり、市場メカニズムに任せておけばおのずから生産や流通や消費は効率的に組織されるのだといった考え方である。たしかに、経済が世界的な規模で動くトランスナショナル時代に、市場の効率に依拠する分野が存在するであろう。政府のなすべきことなすべからざることとを選り分け、両者に「補完性の原理」を働かせることによって、真に豊かな国づくりを考える新しい時代にすすんでいるのではあるまいか。そのためにはいまほど長期的な視野にたった、未来をつくる脱デフレ政策が望まれるときはない。

第5章　デフレ克服のための投資安定化政策

1　ケインズの長期経済政策に学ぶ

ケインズ政策にたいする誤解

当然のことだが、一国の経済政策はその国が直面している歴史的現実にそくして実行されるものである。ケインズの政策提言もケインズが生きた時代背景をぬきにして論ずることはできない。すでに前章で、IS‐LM分析によるいわゆるケインジアン政策と称せられるものを批判的に考察したが、ここでもういちど金融政策ならびに財政政策について、ケインズ政策に対する誤解を解いておきたい。そのうえで、ケインズが最終的にたどり着いて「投資の長期安定化政策」にすすむことにしよう。

ケインズの生きた時代は、「世界の工場」としての地位をアメリカやドイツに脅かされ、相対的に衰退しつつある時代であった。平井の『ケインズの理論』（二〇〇三）は、ケインズの総合的な学説史研究として世界に類をみない大著である。そのなかでイギリスが衰退した一つの要因として「利子取得国家」になったことがあげられている。企業家たちが産業活動への情熱を弱体化させていくなかで、地主や貴族階級は金融投資にむかうようになった。外債への投資は、この時期きわめて安定した、しかも高利回りの利子所得をもたらした。一九〇五年以降、イギリス国民の海外投資は増加の一途をたどり、第一次大戦直前にピークに達している。海外投資の急増は「資本逃避」的性格を有するものであり、イギリスが利子取得国家への道を歩んでいくことに少なからぬ影響をあたえた。ケインズが金利生活者の安楽死を唱えたのも、こうした背景を考えると理解されよう。

この時期の金利水準は高止まりしており、公定歩合は五％を超え、ギルトエッジ証券の利回りも四・五％強の水準であった。イギリスが産業国家として世界市場での地位を保っていくためには、より多額の資金が国内産業に振り向けられなくてはならないにもかかわらず、高金利が国内への資金の流れを阻止していた。ケインズが『貨幣改革論』から『一般理論』にいたるまで一貫して金融政策を重視したのは、こうした背景からであった。しかし、イギリスの経済が長期停滞に陥るにつれて、ケインズ政策は狭義の金融政策にとどまらず、次第に有効需要を構成するさまざまな要因が政策の対象として認識されるようになる。ケインズの「一杯の酒」の譬えにかたよせた主張を聞いてみよう。

われわれが貨幣は経済体系を刺激し活動させる一杯の酒であると主張したくなるとしても、コップを唇へもっていく間にもなお過ちはいくらでもありうることを忘れてはならない。なぜなら、貨幣量の増加は、他の事情が変化しないかぎり、利子率を低下させると期待してよいけれども、もし公衆の流動性選好が貨幣量よりもより多く増加するならば、そういうことにならないし、また利子率の低下は、他の事情が変化しないかぎり、投資を増加させると期待してよいけれども、資本の限界効率が利子率よりも急速に低下するならば、そういうことにならないし、さらに投資量の増加は、他の事情が変化しないかぎり、雇用を増加すると期待してよいけれども、消費性向が低下するならば、そういうことにならないからである。（JMK, VII, p. 173）

ここでは一般的に誤って理解されていることだが、金融政策による金利の引き下げ（引き上げ）が投資の増加（減少）をもたらすといった単純な比較考量が、短絡にすぎることをつよく認識していたことが理解されよう。

こうして、ケインズ政策は財政政策へと進化していくのだが、ここでもその政策が必ずしも正確に理解されてきたとはいえない。一九五〇年代から六〇年代にかけて、いわゆるケインジアンの財政政策が次第に確立されていった。財政政策さえ実行されれば、経済は「安定化」されうるし、成長は総需要水準の変更を意図した政府支出や課税の変化によって促進される。一般的な経済政策の用具として残るのは、政府の予算だけということになる。こうしてケインズ主義《ケインジアニズム》が、実際上、財政主義《フィスカリズム》になってしまった。

こうした財政主義は、じつはA・ラーナー（一九五二）が最初に「機能的財政政策」として展開したものである。ラーナーによれば、財政政策を用いて、失業を減らすためには総需要を増加し、またインフレを抑えるには総需要を削減する。こうした政策を継続して実施すれば、拡張期と緊縮期をくりかえしながら、雇用と物価の同時安定を図ることができるとするのである。

この機能的財政政策は、ケインジアン政策の名のもとに、おおくの先進諸国で採用されてきた。とくに六〇年代から七〇年代にかけて、アメリカのケネディ＝ジョンソン政権時代には、ニュー・エコノミクス政策としてもてはやされた。日本では、一九九二年のバブルの崩壊以降十数回にわたって景気浮揚のために大規模な財政支出が実施されてきた。それにもかかわらず、日本経済は再活性化するどころか、デフレの深みにはまってきたことは、すでに概観したところである。こうした脱デフレの失敗があたかもケインズ政策の失敗によるかのように論じられているが、さきに引用した「一杯の酒」にみられる連鎖からみても、ことはそれほど単純ではない。

ケインズは財政政策による乗数効果が働かないケースを前もって指摘している。①限界消費性向がゼロよりあまり大きくなければ、所得・雇用がわずかしか変動しない。②財政支出の資金調達方法と、それにともなって必要とされる活動現金を増加する政策を採用しないかぎり、利子率を高め、多方面における投資を阻止する。③混乱した心理状態がしばしば広く支配するため、政府の計画は流動性選好を増大するか、あるいは資本の限界効率を低めることがある。④開放体系のもとでは、増加した投資の乗数の一部分が外国における雇用の利益に帰することがある（JMK, VII, pp. 118-120）。ケインズの政策提言は一般に受けいれられている機能的財政政策のような景気循環局面ではなくて、構造的変化に対応するものである。

政府のなすべきこととなすべからざること

さて、ケインズは国家（政府）の役割およびその政策原理を次のように位置づける。今日、経済学者の主要な課題は、政府のなすべきこと（Agenda）となすべからざること（Non-Agenda）を改めて区別しなおすことである。そして、それに付随する政治学上の課題は、そのなすべきことを成し遂げることができるような政治形態を、民主的な枠内で工夫することである。

この国家のなすべきことの基準として、技術的にみて社会的なサービスと、技術的にみて個人的なサービスとをきびしく区別すべきだとする。つまり、私的な諸個人が遂行しつつあるような活動に関係するのではなく、個人の活動範囲外に属する諸機能や、国家以外には誰ひとりとして実行することのできないような諸決定に関係するのだ。

こうした国家のなすべきことの基本的な事例として、次の三つの事例をあげている。

① 中央機関による通貨および信用の管理――現代における最大の経済悪の多くは、リスクと不確実性と無知の所産であり、このような事態にたいする治療法は、中央機関による信用の管理と事業状況にかんする情報公開に求めるべきである。

②社会全体として望ましい貯蓄規模と投資経路にたいする理性的判断――貯蓄のうち「対外投資」の形で海外に流出していく部分の規模、さらに現在の投資市場組織が国家的見地からもっとも生産的な「投資経路」にそって貯蓄を配分するかどうかについては、なんらかの調整された理性的判断行為が要求される。

③人口の適正規模――各国とも、いかなる規模の人口がもっとも適切であるかということについて、国家的政策を必要とする時代がすでに到来している。

ケインズの長期経済政策の基本的スタンスならびに具体的な三つの政策事例は、いずれもいまわが国が具体的に将来にわたって直面している重要な課題にほかならない。まず、世界にその類をみない急激な少子化高齢化の進展が注目される。戦後のベビーブーム時代は二百七十万人の赤ちゃんが生まれていたが、いまは百十万人台に激減している。出生率も四・五四から一・二九へ急落した。高齢化も加速している。日本の平均年齢は二九歳であったが、いまは四二歳と中高年の国になった。少子高齢化時代の社会経済のありようが問われている。ここではとくに産業政策に関連の深い「貯蓄・投資の理性的判断」に焦点をあてて、デフレ克服のための政策を考えることにしよう。

一九二〇年代から三〇年代にかけて、イギリス経済は長期にわたるスタグネーションに陥っていた。適切なデータが利用可能となった一九二一年以降の失業率をみてみよう（The British Economy Key Statistics 1900-1970）。一九二一〜二九年の間、労働者の失業率は、ほぼ一〇％で推移している。二九年に生じた世界恐慌の影響をうけて、三〇年は一六・〇％、三一年は二一・三％、三二年は二二・一%、三三年は一九・九%という驚くべき高失業率の時代であった。こうした構造的な失業は生半可な金融政策や財政政策によって解決できようはずがない。ケインズが苦悩のすえにたどり着いた政策は、長期の投資安定化政策ともいうべき「投資の社会化」政策であった。ケインズ政策の全体像ならびにその具体的内容は、次の引用文からうかがわれよう。

> 国家は、一部分は租税機構により、一部分は利子率の決定により、そして一部分はおそらく他のいろいろの方法によって、消費性向にたいしてそれを誘導するような影響を及ぼさなければならないであろう。さらに、利子率にたいする銀行政策の影響は、それ自身では最適投資量を決定するのに十分ではないように思われる。したがって、私は、投資のやや広範な社会化が完全雇用に近い状態を確保する唯一の方法になるだろうと考える（JMK, VII, p. 211）。
> もし総投資の三分の二か四分の三が、公共組織体もしくは半公共組織体によって実施されるか、影響されうるならば、安定的性格をもつ長期計画は、よりわずかな投資量が政府に統制され、……潜在的な変動幅をはるかに狭い範囲に減じうるであろう。……この安定的な長期プログラムは、おそらく純所得の七・五%を下回らず、二〇%を上回らない額であろう。（JMK, XXIII, pp. 322-3）

この提案にはいくつかの留保条件がつけられている。一つは、政府支出の構成であって、耐久財にたいする投資支出である「資本予算」と一般行政サービスの経費である「経常予算」を明確に区別することである。いま一つは、一般の予想に反して、ケインズが財政赤字に消極的な姿勢を示していることである。彼は均衡予算あるいは余剰金さえも含む予算を前提にして、経常予算と資本予算を明確にすることを提唱する。資本予算は短期には不均衡になったとしても、予算上の困難さを累積的にともなってはならないよう配慮することを主張する。

この「投資のやや広範な社会化」という政策提言は、一見するときわめて急進的な政策のように受け止められがちである。とくに「社会化」というタームが、当時の社会主義諸国の計画経済を連想させたからだろうが、ケインズ自身はこれが適度に保守的な政策だと考えていた。政府は、公共組織や半公共組織と協同して、新しい産業の意図的な奨励や民間投資の積極的な指導と誘導を試みようとするのは当然のことだからである。いま日本に求められているのは、デフレ脱出のための長期投資安定化政策ではないであろうか。ひきつづきこの安定化政策として、経済発展の原動力ともいえるエネルギー政策について考察しよう。

2　脱ダム・脱石油・脱原発

経済発展とエネルギー政策

産業革命以前の経済は、長い間再生可能エネルギーであるバイオマス（薪）を使う成長のない定常状態であった。一八世紀にイギリスで起きた産業革命は、こうした状態から脱出する動力エネルギー革命でもあった。周知のように、それまでの薪をつかって人力や家畜の力による生産活動は、石炭を利用したJ・ワットによって発明された蒸気機関の実用化によって大量生産の時代に入った。さらにE・カートライトによって自動織機が発明され、それが一九世紀初頭に実用化されるにつれて、綿織物工業をイギリス最大の産業におしあげる原動力となった。

一九世紀後半には第二次産業革命がおこり、軽工業から重工業への移行にともない、エネルギーの主役は石炭から石油に移った。そこでは発電機、鉄道車両、自動車、電信・電話といった新たな産業が続出した。イギリスはこうした重工業への変化に立ち後れ、ドイツやアメリカに経済の主導権は移った。二〇世紀に入り、飛行機や大衆向けの自動車の登場によって、高速で大量の輸送が実現するようになったが、しかしそれは同時に窒素酸化物など有害物質を排出して大気を汚染し、二酸化炭素によって地球の温暖化を招くことにもなった。

このように産業革命以降の約二〇〇年間は、石炭や石油を大量に利用した成長の時代であった。この枯渇性資源を消費する時代はやがて終わりをつげ、二一世紀からはじまる水素エネルギーを利用する時代が、いままさに開花しようとしている。

化石燃料時代は、規模の経済にもとづく企業、都市への人口集中、物質本位の生活様式などの新しい社会形態をもたらした。水素エネルギーはどんな炭化水素エネルギーとも似ても似つかないので、まったく新しい種類のエネルギー社会をもたらすとともに、従来のものとは根本的に異なる経済制度と人口分布を生みだすだろう。本章の分析課題は、こうしたエネルギー革命をわが国の実際に照らして再検討するなかから、新たな長期にわたる投資安定化政策を模索することにある。

日本のエネルギー政策

まず、日本のエネルギーの現状を明らかにすることからはじめよう。図表5-1は政府統計にみられる一九五五年以降の日本全体のエネルギー供給量の移り変わりを示している。一九五五年には石炭がもっとも多くて六〇%あまりを占めている。水力、石油がそれにつづいている。一九六〇年には石油が石炭を追い越し一位になっており、その順位は平成になっても変わらないが、絶対量は一九五五年にくらべると八倍近くになっている。近年には次第に原子力発電の比重が大きくなって、三〇%強を占めるようになった。

図表5-1　日本のエネルギーの移り変わり

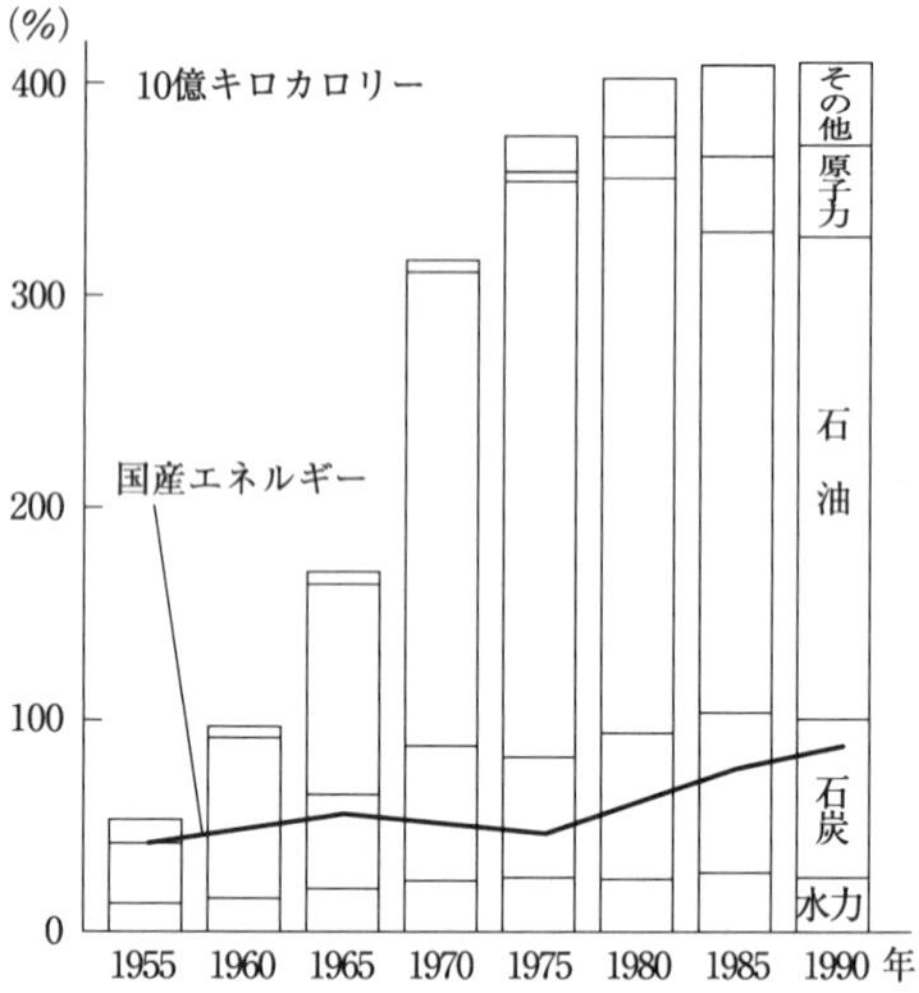

こうしたエネルギー供給量源の変化をみるにつけ、欧米諸国がほぼ二〇〇年もの長期にわたって経験したエネルギー源需要の変移を、わずか半世紀足らずで駆け抜けたことになる。高度成長時代

のすさまじさの一側面でもあろう。
エネルギー源の個々の動向とそれが抱えている問題点をフォローしながら、新たなエネルギー政策の必要性とそのあり方を問うことにしよう。

脱ダム

〇三年一〇月（〇四年三月に再放送）にＮＨＫで放映された「大都会にアユ一〇〇匹！」を驚きの眼をもってみつめたことであった。三〇年前の多摩川は工場排水や生活排水で「死の川」といわれたものだ。その多摩川にアユが帰ってきたのである。アユが躍動して川をのぼる姿は感動的ですらあった。人間の自然への思いやりや、ちょっとした魚道の工夫で川はよみがえる。自然の力の偉大さをまざまざと教えてくれるドキュメントであった。

一昔前まで、日本の川は水質もまだ良好であり、水生生物も豊かであった。農村を流れる川や農業用水路は、魚釣りや遊泳の場であった。その川が、高度成長が始まる一九五五年頃から六〇年代にかけて、つぎつぎと巨大なダムの建設によって壊された。水の流れない川、水生生物の棲まない川、コンクリートで固められた川になってしまったのだ。高度成長がわれわれの生活水準を飛躍的に向上させてくれたが、それによって日本の川が壊されたことも否めない事実である。もう少しダムの実態を考えてみよう。

財団法人日本ダム協会の「ダム年鑑」によると、すでに完成したダムは、〇一年度までに全国で二七三四ダムである。さらに三七五ダムが新たにつくられる予定だというから、合計するとじつに三一〇九ものダムが、全国いたるところで川を寸断して自然環境を壊しているのだ。いまでは清流は高知の四万十川ぐらいだと重宝がられている。

しかしながら、国土交通省の調査によれば、これらのダムは予想を上回る速さで土砂に埋まり、中規模以上の七八二ダム（総水量一〇〇万立方メートル以上）のうち、四四ダムはすでに貯水池の半分以上が埋まっている。貯水池の二〇％以上埋まったダムは一二四にのぼる。発電用ダムが大半を占め、堆砂は治水や河川環境だけでなく、対策に要する財政面でも大きな問題を抱えている。水力発電の電源構成比の推移をみると、一九七五年度には一九・一％を占めていたが、二〇〇〇年度には一〇％弱まで低下している。ちなみに、原子力は同期間内に六・一％から三四・三％まで急増している。

ダム問題をいち早く取り上げたのは、田中康夫・長野県知事の「脱ダム宣言」（〇二年）であった。朝日新聞（〇二年八月一一日）の調査によると、国が建設中止を決めたダムが全国で九六年度以降九二カ所にのぼり、その少なくとも約七割が水余りを理由にしている。経済成長の鈍化や工場の海外移転を背景に上水道、工業・農業用水の需要予測がはずれ、建設費が手当できなくなったからだ。計画・建設中の三八〇近いダムでも中止・規模の縮小を探る動きが目立ち、「脱ダム」が全国に広がっている。

五〇年代後半以降、水利用において、水はもっぱら資源財としてのみ評価され、自然財として扱われてこなかった。九〇年代になって、ようやく水の環境への関心が一気に高まり、河川が人間と自然との共生のために欠くことのできない関係にあることが認識されるようになってきた。いまや世界の潮流になった、川を再生させる脱ダムの思想を定着させて、ダムの撤去を積極的にすすめなくてはならない時代である。

脱石油

一九七三年末のオイル・ショックは、一国の経済にとってエネルギーの安定確保がいかに大切かを教えてくれる出来事であった。第四次中東戦争をきっかけに、ＯＰＥＣ加盟諸国は原油価格を三倍以上の値上げと石油生産の削減を決定した。わが国は石油をほぼ一〇〇％輸入に依存しているので、その影響は深刻であった。それまで市場にあふれていた商品が突如として姿を消し、トイレットペーパー騒動をおこすほどだった。

こうした石油エネルギー危機の記憶はしだいに薄れつつある。しかし、世界の多くの一流地質学者が発表する研究の結果によれば、安価な石油の世界生産は早ければ二〇一〇年以前に、遅くとも二〇二〇年までにピークに達する。もちろん専門家のあいだでも、いつ石油生産のピークに達するかについては諸説があるが、いったんその時期がくれば、残る未開発の埋蔵石油のほぼすべてが中東のイスラム諸国に集中するという点では、みな意見が一致している。現在の生産量であと何年採掘をつづけられるかを表す可採年数がもっとも長い国は、イラン、サウジアラビア、アラブ首長国連邦、クウェート、イラクなどのペルシャ湾周辺国に集中しているからである。

　わが国の石油エネルギー源に目をむけよう。エネルギー全体に占める石油依存度は五〇％強である。このうち石油の輸入依存度はほぼ一〇〇％であり、その原油輸入の中東依存度は九〇％にも達している。いかに多くのエネルギーを中東に依存しているかがわかる。エネルギー状況が日本に近いドイツやフランスでも、石油の輸入依存度は一〇〇％に近いが、中東依存度はドイツは一〇％以下、フランスはせいぜい四〇％程度である。わが国の全エネルギー自給率は二〇％そこそこであるから、いったん中東に変事が起これば、即座にエネルギーの安定供給が損なわれ、経済の混乱が生じかねない。わが国は第一次石油危機のあと、省エネの推進、エネルギー源の多様化に努めてきたが、きわめて脆弱であることにはかわりない。わが国ほど「脱石油」による新たなエネルギー政策への転換が求められている国はないであろう。

　「脱石油」が求められるいま一つの理由は、蓄積された二酸化炭素（CO^x）による地球温暖化の問題である。国連の「気候変動に関する政府間パネル」の第三次報告書によれば、地表の温度が今世紀中に一・四～五・八度上昇する可能性があると予測されている。もしこの予測が現実のものとなると、地域への影響は計り知れないものとなろう。海面上昇と熱帯性低気圧の増大でアジアの低地沿岸から数千万人が移住せざるをえなくなる。すでに中国東北部では水不足による干ばつ・砂漠化が急速にすすんでいる。ヨーロッパの大西洋岸地方でも〇・五度の気温の上昇がみられるなどと報じられている。

こうした状況のもとで、地球環境の悪化を食い止めるための国際ルール「京都議定書」が決められ、わが国では〇二年五月二一日に「京都議定書」の批准が衆議院で承認された。これに先だって、政府は温室効果ガス削減のための「地球温暖化推進大綱」(〇二年三月一九日)を発表した。大綱では、九〇年比六%削減を目標にして、その達成を〇八〜一二年としている。その内訳は、温暖効果ガス(代替フロン)を九〇年比一・五%増に抑え、森林による二酸化炭素吸収マイナス三・九%、国民努力と省エネの新技術開発によるマイナス二・〇%、国際的な排出量取引(いわゆる京都メカニズム)によるマイナス一・六%などの削減である。

温室効果ガスのなかで最大の比率を占めるのが電力や鉄鋼産業などがだす産業部門の二酸化炭素であるが、企業との削減協定なしに議定書実現が可能だろうか。民生分野も、現状より二〇%ほど減らさなければならないが、テレビの視聴やシャワーの時間を減らすなど市民の自覚が頼りで、直接的な削減効果が期待されるだろうか。こうした現状から、政府は削減の柱には二酸化炭素をださない原子力発電の推進がすえられ、今後一〇年間で一〇〜一三基の増設を見込んで、原発による発電量の三割増しを計ろうと計画している。

日本の温室効果ガス排出量は、すでに九〇年より七%ほど増えている。「大綱」には削減のための具体策が示されていないので、目標数値を達成できるかどうかきわめて疑わしい。この点で、きわだっているのは高知県知事・橋本大二郎の実施した「森林環境税」であろう。日本の山、とくに関西以西の山は、第一次・第二次の松食い虫で無惨な姿をさらしている。山に入ってみよう。一抱えもする松の大木が横倒ししたまま腐食し、荒れ放題である。関西方面の山には赤松の立ち枯れした幹が遠望できるだけで、赤松は皆無だ。さらに杉や桧の植林の山は、十分な手入れがなされておらず、水源かん養機能が失われ、土壌の流出、生態系への悪影響など生活環境を壊している。もともと森林は、水や空気をつくり、二酸化炭素を取り込んで地球温暖化を防ぐ働き、動物などの生態系を支えるなど、大きな役割を果たしているのだ。そこで橋本知事は山でおおわれた高知の森林環境を守ろうとして森林環境税をもうけた。具体的には、県民税均等割に五〇〇円を上乗せし、年間約一億四〇〇〇万円の税収を基金とする制度である。すでに二〇〇三年度から、森林組合を中心に間伐などの整備を始めている。

脱原発

ドイツがいち早く「脱原子力発電」を宣言したのとは対照的に、世界で唯一の被爆国である日本が原子力発電への依存をいっそう強めようとしているのは、歴史のアイロニーとしかいいようがない。

ドイツの連邦議会下院（〇一年）および上院（〇二年）は、国内一九基の原子力発電所を段階的に廃棄する道筋を盛り込んだ原子力法の改正案を承認した。同法が近く施行されると、ドイツの原発は二〇二一年ごろには全廃される見通しになった。その改正の主な内容は、①原発の寿命を稼働開始から三〇年程度とし、寿命が来たものから順次廃棄する。②新しい原発の設置は認めない。③

使用済み燃料の再処理は〇五年七月一日までとし、以降は最終処分場に持ち込む。スウェーデンはすでに原発の方針を明確にしているが、ベルギーの上院（〇三年）も、運転中の原子力発電所七基を二五年までに全廃する法案を成立させた。

これとは対照的に、日本は原子力発電を中核にすえる。原子力委員会の「原子力開発利用長期計画」（二〇〇〇年）には次のような内容が示されている。

① 原子力発電を引き続き基幹電源として維持する。

② 使用済み核燃料の全量再処理の方針を継続する。その重要な一環として、国内再処理工場の建設を継続し、プルサーマル計画の実施を目指す。

③ 高速増殖炉サイクル技術を目指す方針を維持する。その重要な一環として原型炉「もんじゅ」の早期運転再開を目指す。

こうした基本計画を念頭におきながら、現在、原子力発電が抱えている問題点を整理してみよう。前項でみた「地球温暖化対策推進大綱」では、温室効果ガス削減の柱に二酸化炭素をださない原発の推進がすえられ、一〇年間で一〇～一三基の増設が見込まれている。だが、国民とくに立地地域住民の原子力政策への信頼の崩壊によって、各地で新規増設に対する反対が起こっている。とくに、〇四年八月の関西電力の美浜原子力発電所の事故は、三人の死者をだす史上最悪の出来事であった。日本の原発はすでに運転を始めて二五年を超えている施設が多い。今後「大事故は起きない」保証はどこにもない。それに加えて、〇四年度からの電力自由化にそなえてコスト削減のため、電力会社は設備投資額を約二・五兆円に控え、九三年度の四割、二五年前の水準まで削減している。こうした状態では大量増設は不可能に近いであろう。

日本の原子力発電政策は、普通の原発（軽水炉）の使用済み核燃料を廃棄せずに、リサイクルすることを根幹に据えている。「核燃料サイクル」と称せられるこの政策のもとでは、使用済み核燃料を再処理して、プルトニウムを取り出し、再利用する計画である。この核燃サイクルは、経済性の面や核拡散への悪影響を理由に、フランス、ドイツ、イギリスにおいてはすでに撤退した政策である。

この核燃サイクルの中核をなすのが高速増殖炉の開発であるが、九五年の「もんじゅ」のナトリウム漏れで中断したままである。そこでそのつなぎとして、プルトニウム・ウラン混合物（MOX）燃料を普通の原発で燃やすプルサーマル方式を推進しようとしている。しかし、関西電力のデータの改ざん（九九年）、東電の一連のトラブル隠し（〇二年）、さらに中電と東北電の配管ひび割れ兆候の報告漏れ（〇三年）、美浜での人身事故（〇四年）など、立地地域住民の信頼を大きく裏切ったことから、プルサーマル計画も難航つづきで実施のめどはたっていない。

決定的なのは、高速増殖炉「もんじゅ」について、名古屋高裁金沢支部が原子炉の設置許可を無効とする判決を下したことである。高速増殖炉というのは、再処理で抽出したプルトニウムをウランとともに燃やして、それ以上のプルトニウムを生み出す仕組みの新型炉で、核燃料サイクルの中核となる施設である。

プルトニウム混合燃料を原発でつかうプルサーマル計画が難航し、いままた高速増殖炉が事実上破綻し、日本の原子力政策の中心となっている核燃料サイクル政策そのものが見直されなければならないであろう。

以上のことをまとめてみよう。脱ダム・脱石油・脱原発はいまや時代の流れである。水力は発電量に比して設備投資が原発以上に大きい難点があるうえに、川の生態系を壊してしまう。石油は可採年数が短いうえ、供給源が中東に偏るリスクを負っている。原発は、核燃料サイクルが行き詰まって、核兵器の材料にもなるプルトニウムの余剰は国際世論が許さないであろう。

いま、日本のエネルギー政策基本法は抜本的に再検討すべきときである。基本法にはその名のとおり、今後数十年にわたってエネルギー政策の基本とするのにふさわしい内容がもられなくてはならない。基本法は太陽光や風力、バイオマスといった自然エネルギーの利用を促進するものでなければならない。また大規模な発電所から送電線で電力を独占的に供給するあり方を根本的に変えることが求められている。最近、注目されているのが、電力を必要な場所で必要な量だけ発電する「分散型電源」である。その中核を占める水素を利用する燃料電池はすでに実用段階に入っているのである。

3　水素エコノミーの幕開け

文明の進化とエネルギー革命

ジェレミー・リフキンの『水素エコノミー』（二〇〇三）は、たいへん刺激的かつ示唆に富む本である。人類の歴史をふりかえり、石炭、石油、天然ガスなどの化石燃料に依存する現代文明が直面している危機を浮き彫りにし、その解決策として水素エネルギー体制への移行を提唱する。われわれはすでに日本の実態を踏まえて、脱ダム・脱石油・脱原発を論ずるなかで、エネルギー政策の転換の必要性を示唆してきた。ここで、J・リフキンにそってエネルギーの観点から人間の生き方を見直してみよう。

もしいま化石燃料時代の幕が降りようとしているのなら、なにがそれに取って代わろうとしているのか。ある新しいエネルギー体制が私たちを待ちうけている。それは「永遠の燃料」といわれる水素だ。この燃料は無尽蔵で、しかもひとつとして炭素原子を含んでいないので二酸化炭素をいっさいださない。

人類の文明が狩猟社会から農耕社会へ、さらに化石燃料依存の工業社会へと変貌をとげてきたのは、見方によっては「脱炭素化」の過程をたどってきたといってもよい。「脱炭素化」とは、新しいエネルギー源が登場するたびに燃料中の水素原子に対する炭素原子の割合が減ることを示す指標である。たとえば、薪は炭素の割合がもっとも大きく、炭素と水素の原子数は一〇対一である。石油の場合は炭素対水素が一対二、天然ガスでは一対四である。原子力はこの比率がもっと高いということから重宝されている。つまり、新たなエネルギー源が登場するたびに、二酸化炭素の排出量は減ることになる。

水素エネルギーの生産についての後でくわしく述べるが、再生可能資源から水素を製造する最大の意義は、二酸化炭素が発生しないことである。それだけでなく太陽エネルギーや風力、地熱エネルギーを変換してえられる電気は、すぐ流れてしまって貯蔵できない。つまり、太陽が照らない、風が吹かない、燃やす化石燃料がない、という事態になれば電力は生産できず、経済活動は停止する。水素利用はエネルギーを貯蔵して社会に電力供給を絶やさないじつに魅力的な方法なのだ。さらに水素の利点は、エネルギーが国内のどの地域でも同程度まで安価になるため、産業の分散化がおおいに進み、一極集中の必然性もなくなる。「煙も灰もでない」ので、環境面でのメリットも同じぐらい魅力的だ。

この新しいエネルギーを利用するのが燃料電池である。燃料電池は普通の電池と似てはいるが、ひとつ大きなちがいがある。普通の電池は、貯蔵された科学物質を電気に変換し、科学物質がなくなったら用済みになる。一方、燃料電池の場合、蓄えた科学物質ではなく、外から供給される燃料と酸化物質が補給されるかぎり、電気を生みつづける。それでは燃料電池の具体的な開発とその利用はどのように進んでいるか、その現状をみることにしよう。

燃料電池の開発と利用

燃料電池の発電原理はごく簡単で、「水素と酸素が反応して水と電気ができる」という水の電気分解と逆の化学反応を利用して電気をつくるものだ。つまり

水の電気分解　$2H_2O$　→　$2H_2+O$

燃料電池　$2H_2+O$　→　$2H_2O$

燃料電池の基本単位は「セル」とよばれ、燃料極（陰極－）と空気極（陽極＋）で電解質をはさんだ構造になっている。水素を燃料極側から送り込むと、化学反応によって水素分子が水素イオン（H^+）と電子に分かれる。自由になった電子は外部回路をとおって空気極に移動する。この時に電流が流れ電気が発生する。水素イオンは電解質のなかをとおって空気極側に移動し、酸素と結びついて水になる。燃料電池はこの単セルとセパレータを積み重ねたもので、セルスタックと呼ばれている。セルを直列に接続することにより、高い電圧と大きな電力を得ることができる。いま、こうした燃料電池が自動車や家庭用燃料として脚光を浴びている。

最近、燃料電池車は「究極の低公害」車としてなじみ深くなってきた。世界の自動車メーカーは、百年まえに内燃機関が発明されて以来となるエネルギー利用法の大変革にむけて激しい競争を展開している。九〇年代に入り、カナダのベンチャー企業・バラードパワーシステムズ社が高性能の小型燃料電池を開発して、自動車向けに注目されることになった。一九九七年には、ダイムラー・ベンツ社（現ダイムラー・クライスラー）は、バラード社と提携し、自動車用の水素燃料電池を制作

する共同プロジェクトを開始した。フォードもこの合弁会社に資本参加した。

燃料電池車にかんしては、むしろトヨタとホンダが一歩抜きんでているようだ。すでにトヨタは燃料電池車四台を中央官庁からリース販売方式で受注し、〇二年一二月に納入した。ホンダも同時期に米ロサンゼルス市当局に五台リース販売することが決定している。トヨタは電気モーターエンジンを併用し、環境への負荷を低めたハイブリッドカー「プリウス」の販売をすすめている。これは燃料電池が普及する過渡期には、エンジンにも使えるガソリン系燃料から水素を取り出す方式が効率的だとの戦略からである。トヨタは世界戦略として、一九九九年四月にゼネラルモーターズ（GE）、国際石油資本（メジャー）のエクソンモービルとの提携に踏み切った。燃料電池車の業界標準化をねらったものだろう。こうした世界戦略の成果でもあろうか、新聞の報じるところによれば、アメリカにおいて〇三年一〇月に発売した新プリウスが発売前から一万二〇〇〇台の予約が入り、〇四年の販売目標を三割引き上げた。さらに、米国でのハイブリッド車の現地生産を検討しており、早ければ〇六年にも生産を開始する方針である。燃料電池車への移行は、予想をはるかに超えるスピードですすんでいる。その移行は、需要の面でも、環境への負荷の面でも、計り知れぬほど重大な影響をもたらすであろう。

つぎに、家庭用の燃料電池について考えよう。東京・三田にある東京ガスの技術研究所にいってみよう。そこでは荏原・バラード社の製作した家庭用燃料電池（FC）が静かな音をたてて稼働している。家庭用燃料電池もいよいよ実用化が近づいたようだ。家庭用燃料電池コージェネは自動車

図表5-2　従来型システムと家庭用燃料電池システムとの比較

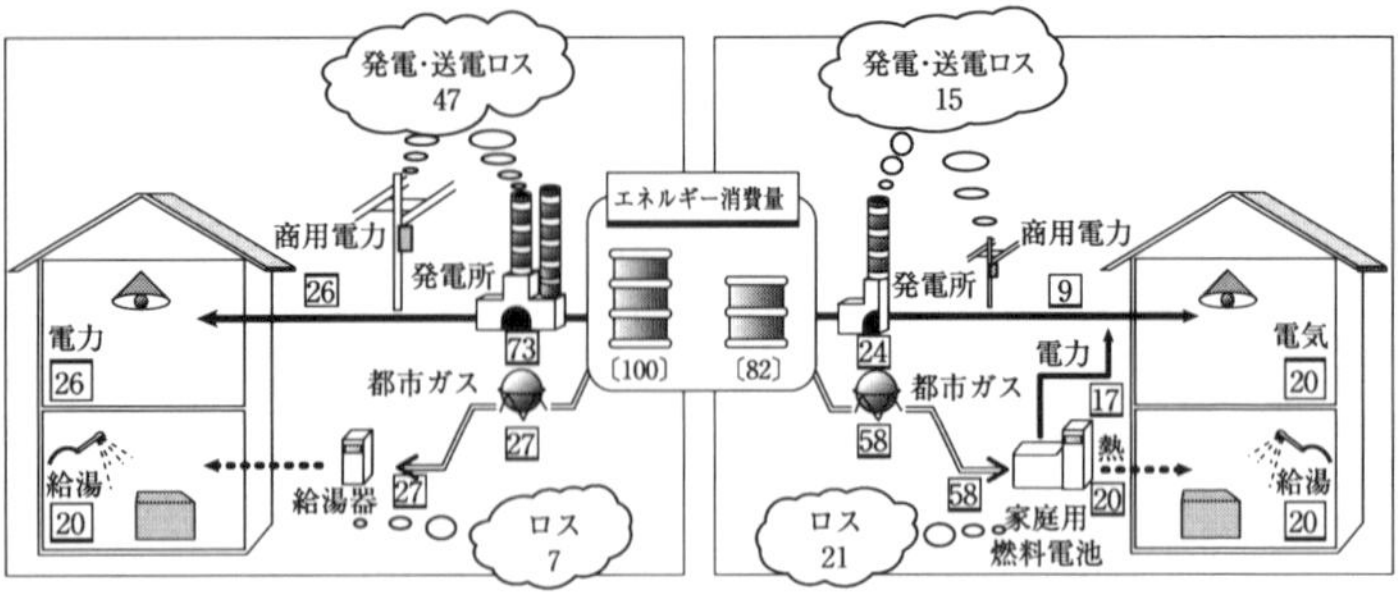

（資料）　東京ガス技術研究所.

ほどなじみがないので、図表5-1を用いてその仕組みを考察しよう。

従来の発電システムでは、発電所が遠隔地にあり、近くに熱需要がないため、発電時に発生する熱はそのまま捨てられて大きなロスとなっている。また、発電所から需要家まで電気を送る途中でも送電ロスが生じる。家庭用燃料電池コージェネは、発電時に発生する熱をその場で給湯に利用し、電気もその場で使用するためロスがない。従来型システムと家庭用燃料電池コージェネシステムを比較したのが上図である。数字をおってみよう。

① エネルギー消費量は、一〇〇対八二で、家庭用燃料電池が一八少ない。

② 従来型システムでは、発電・送電ロス四七プラス都市ガスロス七で、合計五四のロスが発生する。これに対して家庭用燃料電池では、発生・送電ロス一五プラス都市ガスロス二一で、合計三六である。

③ 従来型システムでは、商用電力をつうじて二六、給湯器

をつうじて二六が需要家に送られる。家庭用燃料電池では、商用電力九プラス燃料電池一七、計二六が需要家に送られ、発電時の熱二〇が需要家に送られる。

④従来型システムでは、発電時にCO_2排出量一〇〇％、NO_x排出量一〇〇％。家庭用の発生するCO_2は七五％、NO_x排出量は三一％である。

すでに東京ガスや大阪ガスでは、〇五年春には家庭用燃料電池の実用機の市場投入にむけて、採用機種メーカーの選定を急いでいる。さらに、新日本石油はLPガスを利用する燃料電池を、出光興産は市販の灯油を利用した燃料電池の商品化をすすめるなど、競いあっている。燃料電池車と同様に、家庭用燃料電池の普及もそう遠いことではない。

「水素エコノミー宣言」

このようにみてくると、水素エコノミーの夜明けは近い。とはいっても、その道程はきびしく技術的にも制度的にも乗り越えなくてはならない多くの課題がある。本来、一国のエネルギー政策は二〇〜三〇年先の議論を社会の理解をえながら進めるべき問題であろう。ここでは(1)水素エネルギーの生産、(2)水素エネルギーのインフラ整備、(3)エネルギー政策の基本計画について整理してみよう。

(1) 水素エネルギーの生産

水素は地球のいたるところにあり、水にも、化石燃料にも、どんな生物にも含まれているが、自然界に単独で存在することはない。だから、なんらかの方法で抽出しなければ利用できない。水素エネルギー生産は年次をおって三段階をへてよりクリーンな燃料へと進化するであろう。

① 液化天然ガス（LNG）でしのぐ――天然ガスの長所は、石油や石炭よりも汚染が少ないことだ。天然ガスに比べて発生する二酸化炭素の量は、石油の場合は一・三倍以上、石炭の場合は一・七倍近くになる。このように天然ガスは環境への負荷が小さく、また水素を作り出すことも容易なことから、天然ガスに世界的な注目が集まっている。

日本は液化天然ガスのほぼ全量を輸入に依存している。おもにマレーシアや中東、東南アジアからのLNGタンカーによる輸入である。近年、サハリンの天然ガス開発計画が「海底パイプライン計画」と連動して注目されている。受け入れ基地などに巨額の設備投資をするよりも、パイプラインで直結すれば、ガス利用効率はいっそう高まる。本格的な水素生産までのつなぎ役として、さらにパイプライン設置にともなう雇用対策としても、政府は長期の視点にたって積極的に取り組んでほしいものだ。

② 「燃える氷」メタンハイドレート――メタンハイドレートというのは、メタンガス分子と水分子からなる氷状の固体物質である。永久凍土層の下や深度五〇〇メートル以深の深海地層中に存在する。日本周辺では海洋だけに確認されており、南海トラフ（東海沖～四国沖）、千島海溝周辺、奥尻海嶺などに分布していると推定される。最近では日本海側の新潟沖海底にもメタン層が発見されている。燃焼時の二酸化炭素排出量は石炭の半分強、石油の四分の一程度である。すでに経済産

業省は一六年計画で「メタンハイドレート開発計画」（二〇〇一）を策定している。また高知大学海洋コア研究センターが〇三年より開校され、国際的な海底研究プロジェクトの中核基地としての活動をはじめた。

日本周辺海域には、日本が消費している天然ガスの一〇〇年分以上の量が存在すると推測されている。メタンハイドレートを効率よく融解させてメタンガスを回収する方法や、回収するための開発システムが解決されれば、わが国のエネルギー自給率は大幅に改善されるであろう。

③ 太陽光を用いた電気分解——水素を作る究極の方法は電気分解である。この方法は、電気で水を水素原子と酸素原子に分ける周知の工程だが、もう百年以上も前から使われている。問題はこの工程で使用する電気のコストが高いため、天然ガスを使った水蒸気改質法に太刀打ちできないことだ。だが、いまはちがう。半導体物質を使って太陽光を電気に変換する光電変換装置（ＰＶ）、いわゆる太陽電池のコストは大幅に低下しているからだ。この太陽光発電システムで太陽光を捕らえて、電解装置に供給する仕組みが注目されている。すでに一九九五年には、世界初の太陽光利用による水素製造施設が米カリフォルニア州エルセグンドーで営業を開始している。シャープは太陽電池の世界市場の二〇％強を占めており、住宅向け需要が好調だ。シャープの技術を使って、日本でも太陽光・水素製造施設が実現するのもそう遠い将来のことではないであろう。

(2) 水素エネルギーのインフラ整備

燃料電池は、従来の集中型電源である九電力体制とは違って、分散型電源——ミニ発電所であり、それにふさわしい新たなインフラを必要とする。自動車産業にとって、燃料電池車への移行に向けた最大の課題は、水素の製造・流通・貯蔵コストをガソリンと競争できる水準まで下げることだ。水素補給ステーションのための全国規模のインフラ整備には厖大な費用がかかる。この「水素問題」は燃料電池車の普及と相互依存の関係にある。政府がエネルギー企業と協力して、もっと明確なインフラ整備計画を政策提案することが求められている。それを呼び水にして燃料電池車量産化のための民間設備投資を引き出し、コストダウンの展望も生まれる。都市ガスを利用する家庭燃料電池は、すでに多くの家庭への供給インフラが普及しているので、インフラを整備するうえできわめて有利である。

天然ガスパイプライン整備やメタンハイドレートの開発、太陽電池の普及など長期的な技術開発の負担は、民間企業に強いるだけでは無理であろう。国がどう負担していくか具体策を明確に示すべきであろう。

(3) 「水素エコノミー宣言」

いまやエネルギー政策基本計画は抜本的に改革すべき時を迎えている。一九六〇年代以降、わが国は原子力発電をエネルギー政策の基本にすえてきたが、いまや時代は大きく転換しようとしている。原発の拡大に急速にブレーキがかかるなかで、分散型電源を積極的に増やし、将来の新エネルギー開発を急ぐことが求められている。

政府は二〇一〇年までに九～一二基の原発建設を予定しているが、むしろ原発を縮小するのが時代の要請であろう。そのさい、ドイツの「脱原発法」でみたように、原発の寿命を稼働開始から二〇年程度とし、寿命がきたものから順次廃止する。それに代わる分散型電源を増加することで、原発に依存する度合いを下げながら、将来の新エネルギー開発を急ぐ計画を立案する。この点で、九電力会社との十分な合意形成が求められる。

ブッシュ米大統領は〇三年一月の一般教書演説で、燃料電池の技術開発と社会的インフラ整備の研究のため、一二億ドル投じることを発表した。〇三年六月のエビアン・サミットでは、官民一体となって水素を原料とする燃料電池など次世代のエネルギー開発を支援することで合意した。

日本政府はすでに個々の政策として燃料電池の普及への措置を講じている。〇二年には経済産業・国土交通・環境の三省の副大臣がプロジェクトチームを設け、総合的な政策づくりをはじめた。一〇年までに燃料電池車を五万台、家庭用コージェネ器を百数十万世帯に普及させることを目指すという。このため、水素供給ステーションの整備や水素供給施設の設置規制緩和策も取り上げられている。また、〇四年度予算では、国が中心になって研究開発を進める重点項目として、水素の製造・貯蔵・供給技術が予算上優先的な配分をうけることにもなっている。だが一方で、経済産業省は〇四年度からプルサーマル計画を受け入れる自治体には、通常の交付金より手厚く配分する方針を固めた。まるでアメをしゃぶらせて利をうる姑息な措置である。

吉川は、経済諮問会議委員として、これまでも国の歳出の中身を改革して、新しい産業や雇用を生み出すことを強調するとともに、それに尽力してきた。同著『構造改革と日本経済』(二〇〇三)

でも需要創出型の構造改革を強調している。朝日新聞編集委員・小此木も、しばしば同紙上で未来をつくる脱デフレ策として燃料電池によるエネルギー革命を主張してきた。これらの主張を一歩すすめて、ケインズの「投資の社会化」政策と結びついた、政府のエネルギー計画による、新しい産業の意図的な奨励ならびに、民間投資の積極的な指導と誘導によって、投資の長期安定化を図り、来るべき成熟経済への道標としたい。

吉野（二〇〇二）によると、世界の経験した主なデフレを本当に公共事業の増額だけで脱却させたという実例はない。とりわけ、日本の場合は戦争がいつでも活路になってきたことは、否定できない現実である。それだけに、戦争によらないでデフレから脱却ができるかどうか、政府の手腕がためされているのは、今度がはじめてといってよいであろう。

小泉政権による「水素エコノミー宣言」を期待しよう。

第6章　新たな「国づくり」——成熟経済にむけて

1　国民経済主義の思想

小日本国主義者　石橋湛山

日本のケインズと称せられる石橋湛山は、日本経済のあるべき姿として終生変わることなく「大日本主義」の幻想に代えて、「小日本主義」を主張しつづけた。彼の論ずるところによれば、イギリスには小英国主義（リトル・イングランディズム）を標榜する自由党と大英国主義を旗幟とする保守党とがあって、互いにその主張を闘わし、国民の輿望によって交互に政局を占める。この小英国主義は、その計画者ロイド・ジョージの名前を冠して、ロイド・ジョージズムと呼ばれている。この主義は、イギリスの自由党内閣の社会政策の中心をなすだけでなく、いまやアメリカにおける諸政党もこぞってこの政策を採ろうとしている。石橋は、ロイド・ジョージズムこそ二〇世紀における世界の変化を告げる警鐘だと認識して、小英国主義になぞらえて小日本主義を唱えたのである。ところが、日本にはどこを向いても小日本主義を標榜する政党はなくて、大日本主義を旗幟とする保守党ばかりだというのである。石橋の思想は、二〇世紀の日本言論界における真のリベラリズム（自由主義）の旗手の一人であるばかりでなく、以下にみるように彼の思想は現状分析に透徹した力をみせる骨太なリアリズム（現実主義）と結びつくものであった。

まず、「現代日本人の経済思想」（大正三年九月）をつうじて小日本国主義者としての石橋の経済観をみてみよう。石橋によれば、大正初期の日本の現状は、「あたかも馬を壁に乗り懸けた」ような時であるという。明治維新以来、日本はある程度順調に進んできたが、いまは政治的にみても、経済的にみても、また社会的にみても、すべてが行き詰まってしまった。これから先に行くにはここで飛躍させねばならないが、その飛躍の方法がいまだ発見されず、あたかも勢いよく駈けてきた馬がたちまち障害に遮られて、うろうろするように日本もうろうろしているというのでる。

日本はおそらく西洋の一〇〇～一五〇年も先に進んだ文明に忽然と接し、とにかく時局を転回していくことができた。明治維新のさいの日本人の境遇の劇変は、一つには国民が国家として比較的強固な団結を形作りえたこと（国家主義）、二つには政府に比較的新知識が集まり、迷える国民を指導しえたこと（官僚主義）の二つの要素によって乗り切りえたのである。それではこの国家主義および官僚主義を根底とする「現代日本人の経済思想」はどんなものであろうか。

第一は、他国の衰退を喜ぶ思想である。他国の衰退を喜ぶ思想は一八世紀前半期ごろ一時期ヨーロッパでも盛んであったが、現時はまったくこれと事情を異にし、外国の不利益はただちに自国の不利益をきたすという相互依存の思想が次第に増大している。それにもかかわらず、日本では維新前後に醸成された狭隘な国家主義がいまもって残存している。

第二は、国内においてすべての物を生産したいという思想である。一人の人間が農も工も自分でする自給自足の経済状態が永続しなかったと同じ理由で、国家の自給自足状態も永続しえない。現に地球上の各国家は日増しに分業の傾向をおび、年々数百億円の貿易が行われている。自由貿易の勧めである。

第三は、商業は国旗にしたがうという思想である。わが国の政治的領域もしくは勢力範囲の拡張が商業の発展に最大の便宜を与えるとするものである。しかし、石橋にいわしむれば、もし台湾、朝鮮の併合に要する費用・労力を内地に用いたならば、わが国の商工業の発展はけっして今日の比でなかったに相違ない。

第四は、なによりも先に政府の保護干渉を願うという思想である。この思想は維新当時わが国民一般の知識がいまだ開けず、なんでも新しいことはことごとく政府の指導奨励のもとで行われた、その習慣がいまでも残っている。これは経済上に官僚主義の遺憾なく現れたものである。

こうした考察から、現代日本人の経済思想は、狭隘な国家主義と官僚主義とを基礎とし、骨格として、そのうえに形造られたものだと結論づける。石橋は、近き将来のわが国の経済思想は、個人主義、民衆主義のうえに築かれたる非軍備主義、自由主義のものであらねばならぬと主張するのである。

ここで、当時のわが国経済の実態について、石橋が「馬を壁に乗り懸けたような時」とはいったいどんな状態にあったのか実証しておこう。経済同友会編著『資本窮乏と蓄積対策』（一九四九）によると、第一次大戦前後の資本蓄積の動向は図表6-1のとおりである。この図表から読みとれるように、一八九四（明治二七）年の日清戦争にしろ、一九〇四（明治三七）年の日露戦争にしても、巨額の外資導入にもかかわらず、資本蓄積が遅々として進んでいない。一九一四（大正三）年の第一次大戦後のいわゆる大戦景気を境にして通貨、預金、会社払込み資本金などの増勢がうかがわれる。W・ロストウの『経済成長の諸段階』（一九六五）にしたがえば、日本における経済発展の第三段階であるテーク・オフ（飛躍）から第四段階の成熟期への移行は、第一次大戦を境にして生じたということになる。事実、生産設備などの発展をみてもそのことが実証される。二、三の例をあげると、発電力（キロワット）は大正二年には五九万七千、大正一二年二〇六万三千、昭和一三年七二七万七千と急増している。紡績錘数（本）を同年次にみると、二四一万四千から四四三万七千、一一七一万六千と増加し、さらに動原力使用工場数は九四〇三から三万五三六〇、さらに九万一六一八へと増加の一途をたどっている。

しかしながら、このような成熟期への移行をつうじて蓄積された資本が、第二次世界大戦によって壊滅した。わが国の資本の喪失率はおよそ戦前の三分の二から七割だと推定されている。指標的にみると、おおよそ第一次大戦直後の状態にまで後退したと考えられよう。経済同友会編著では、

図表 6-1　第 1 次大戦前後の資本蓄積指標

（100 万円）

	日銀券発行高	正貨現在高	全国銀行預金	会社払込資本金	外貨輸入現在高
明治 30 年	239	−	356	533	43
明治 35 年	232	139	713	879	195
明治 40 年	370	445	1,825	1,114	1,401
大正 6 年	831	1,104	5,740	3,172	1,754
大正 11 年	1,558	1,830	10,239	8,990	1,550
昭和 2 年	1,682	1,273	12,290	12,634	2,048
昭和 7 年	1,426	−	11,842	14,047	2,153
昭和 12 年	2,305	−	16,841	19,961	1,842

（資料）　経済同友会「資本窮乏と蓄積対策」.

戦争および敗戦によって蓄積資本がどれほど喪失し、その経済的影響はどうか、これに対していかなる資本蓄積対策が講じられるべきか、行間に気迫をただよわせながら、経済再建に取り組む意思をあらわにしている。

さて、このような第一次大戦前後の資本蓄積状況を念頭に置きながら、石橋の小日本主義に話をもどそう。石橋は「『人』中心の産業革命」（大正五年）を主張する。哲学に造詣の深い石橋は一八世紀に活躍したロック（一六三二－一七〇四）やヒューム（一七一一－七六）さらにルソー（一七一二－七八）らの個人主義に基礎をおいた社会契約説を熟知していた。彼らの思想からうかがえることは、一八、一九世紀の産業革命も本来「物的」というより「人間的」であった。換言すれば、人がその欲望によって秤量した結果、「物」に価値があると感じたのであって、中世紀の文明のように、人の欲望と無関係に打ち立てられたものではない。主人はあくまで「人」であって、「物」はあくまで客である。来るべきわが国の産業革命が「人」中心でなければならないという意味も、こうした哲学に裏打ちされたものであった。

人的産業革命というのは、生産の側面からいえば人間の能力を、消費の側面からいえば生産された財の価値を、極度に発揮するように社会組織を変化することである。具体策として石橋があげているのは、①社会の各個人の収入をもっと平等にすること、②国は労働時間の最高時間を定めること、③衛生設備の完備、④国民の教育などである。当時の社会情勢からみれば、こうした諸施策はいかにも理想にのみ走って現実味に欠けているようだが、そうではない。こうした石橋の提言は現状分析を踏まえた骨太のリアリズムに裏付けられているのである。

いま、石橋が算定した数値を一つの表にまとめてみよう。まず英国（一九一三年度）と日本（大正四年度）の予算に占める陸海軍費を比較すると、日本は英国の二・四一％の比率である。つぎに、英日両国の社会改良費（養老年金・社会保障・職業紹介）と教育費を比較し、さらにこれを軍事費比率二・四一％で計算しなおしたのが、図表6-2である。教育費だけは〇・五九％という比率だが、社会改良費にいたってはあまりに金額の差がはなはだしく、比率をだしたくても「算盤の玉」へ上がってこない。それほど日本は英国に比し社会改良をなおざりにしている。そこで日英の軍事費比率なみに日本の人的産業革命費を増したらいくらになるかを計算したのが表の金額である。

図表6-2　英日の社会改良費の比較

（単位：千円）

	英国	日本（比率）	軍事費比率 2.41％
社会改良費	196,659	491（0.002）	47,395
教育費	185,923	10,879（0.59）	44,807
合計	382,583	11,370（0.3）	92,202

政府が現在人的費用に支出している額に約七千万円を加え、総額九千二百余万円によって、ようやく軍事費との平衡がとれる。石橋はこうした算定をもとに賃金、休養時間、衛生、教育の充実策を提言するのである。しかもこの人的産業革命費の調達は容易であり、経費の膨張するより早く、国民各自の収入は増してくるとして、つぎのように結論づける。

衛生設備の完成が、国家に莫大な利益を供するものであることは疑いない。いわんや積極的に国民の知力、体力、活動を増進する賃金、休養時間、教育の最低限度の設定ないし引き上げ、産婦、幼児者にたいする保護、職業紹介所の開設においておや。また一見まったく新負担であるかのように考えられる老齢者にたいする保護といえども、けっして新負担ではない。人的産業革命費は断じて国民の負担にあらず、かえってその収入を増大するもっとも有利な生産投資である。まるで一九三〇年代の初頭になってようやく理論的な裏ずけがなされた「乗数理論」を先取りした考え方さえうかがえる。

こうした石橋の卓見を再考するにつけ、わが身につまされた思いがする。石橋の問題提起は、もとより時代の背景や経済規模などを異にするけれども、今日わが国経済がかかえている問題そのものだからである。石橋が信望するイギリスのロイド・ジョージ内閣は一九一六（大正五）年に成立した。

国民経済主義者　ケインズ

ケインズも石橋と同様に国民経済主義者であった。既述のように、第一次大戦後のイギリス経済は構造的な不況に陥っていた。イギリス国内の貯蓄が国内投資にまわされずに、「資本逃避」的な特性をもって海外投資にむけられ、このことが高失業を生み出す原因にもなって、イギリス経済を停滞の深みに陥れてしまった。ここにいたってケインズは一九世紀的な自由放任の市場主義から国民経済中心へと思考を転換させていったのである。

ケインズの国民経済主義的な思想を具体的に裏打ちしたのが、H・ヘンダーソンと共同執筆した「ロイド・ジョージはそれをなしうるか？」（一九二九）であった。ケインズたちは、第一次大戦後のイギリスの経済上の困難は、戦争後の世界的な窮乏化と混乱がその原因だとする見解よりもはるかに根深いものであり、したがって国家の積極政策によって戦後の失業に対処することが不可欠だと考えた。ロイド・ジョージはこの見解を共有している指導的な公人のひとりとしてきわだっていた。

当時の一〇〇万人を上回る失業者のために、国は失業保険基金から年間およそ五〇〇〇万ポンドの現金支出を負担している。一九二一年以来合計約五億ポンドを失業者に現金で給付してきた。これだけの金額があれば、一〇〇万戸の住宅を建てることができたであろう。それだけあれば、イギリスの道路全体の三分の一を建設できるだろう。それだけの金額をもってすれば、イギリスの産業設備に一大変革をもたらすに十分であろう。

こうした見方から、ケインズたちは一九二九年の総選挙におけるロイド・ジョージの公約を支持して、活気ある国家的開発政策によって失業に対処しようとしたのである。具体的な開発政策として次のものがあげられる。

① 国家的輸送システム――道路および鉄道を最新式のものにし、それによって提供されるサービスを相互に十分に関連づける。

② 国家的住宅政策――年間二〇万戸の住宅建設を継続し、そのために必要な補助金を支出する。

③ その他の開発事業――電話の拡張と電力の開発と下水施設である。これらの事業によって一五万人の男女の労働者を雇用できる。

こうしたロイド・ジョージの公約に対して、当時の大蔵大臣W・チャーチルをはじめ政府はさまざまな反論を唱えた。その要点は、政府が生産計画への融資のために資金を調達すれば、通常産業に振り向けられる資本供給がその分だけ減少させられるというものであった。だから、国家の借入れと国家の歳出とによって創出できる雇用の増加分はごくわずかだと主張する。いわゆる「大蔵省見解」といわれる考え方である。

しかし、ケインズたちが開発政策で使用される資金として想定するのは、他の資本施設に対する資金供給から転用されるのではない。①失業向けの資金供給からの転用、②現在無為のまま放置されている貯蓄からの捻出、③新しい政策による繁栄から賄われる貯蓄、④対外貸付けの減少による調達などである。

この国家的開発政策、たとえば道路改良に毎年一〇〇万ポンドが支出されるなら、その一〇〇万ポンドごとに直接的ないし間接的に五〇〇〇人の労働者を雇用できると主張する。ここで注目すべきことは、間接的雇用の重要性である。道路の建設が道路資材への需要をもたらし、この需要が労働への需要や他の消費財への需要をもたらし、さらにこの需要の増加が労働への需要をもたらす。この産業上の波及プロセスが後にR・カーン（一九三一）によって乗数理論として定式化されたことはよく知られている。こうした論議のさなかに、現代史上最大の経済的破局ともいうべき一九三〇年の恐慌が発生した。

ケインズはすでに一九二六年に、『自由放任の終焉』のなかで、自由放任的な市場経済の考えを全面的に批判した。そこでは自由放任主義が生産資源の最適配分をもたらさず、むしろ国内経済を不安定化するので、国内経済の安定化を優先する立場を鮮明にした。さらに、一九三三年には国民的自足経済（National Self-Sufficiency）と題された論文を書いて、自由放任の市場経済に代えて、自足的な国民経済こそが重要だと説く。この小冊子や論文を境にして、ケインズをして「経済的国際主義者」（Economic-Internationalist）から「国民経済主義者」（Economic-Nationalist）に転換したのである。ケインズによれば、とりわけ浮遊する国際資本が世界を自由に駆け巡るこのインターナショナリズム（グローバリズム）の時代にはむしろ適度な経済的孤立主義こそが重要だと主張するのである。

外国貿易に精をだし、国内経済の構造を外国の資本家の影響と資本のもとにおき、われわれ自身の経済生活をつねに変化する外国の政策の手に委ねることが国際平和の保証になるという説はもはや明らかに正しいものではなくなった。……もしも資本の気まぐれな移動を排除できるのなら、国内政策の勧告ははるかにやりやすいものとなるだろう。(JMK, XXI, pp. 235-6)

こうしたケインズの主張を踏まえて、佐伯(一九九九)は国民経済をグローバル・リスクから守るために、「国家」主体の政策を目指し、新たなケインズ主義にむかうことを強く主張する。たしかに、ケインズの市場社会観は一九二〇年代と一九三〇~四〇年代とでは変化がみられる。ケインズが提唱した社会は、もちろん社会主義社会でもなければ、自由放任主義社会でもない。それは中道の「ニュー・リベラリズム」社会であり、政府、公益企業、民間部門が、なんらかの適切な比率で各々の役割をはたすような社会である。

ここで、これまでのまとめをしておこう。石橋の小日本主義にしろ、ケインズの国民的自足経済にしても、一見すると、グローバリゼーションという歴史の流れに逆境しているようだが、そうではない。わが国では、戦前期の誤った経験から、ナショナリズムといえばとかくファシズム・軍国主義と同一視され、忌避されてきた。石橋やケインズが主張するのは、国と国との相互の関係、インターナショナルな関係を目指し、新たな自立的なナショナル・アイデンティティを確立しようとするものだ。

『一般理論』の最終章「結論的覚書」の一節を引用して、この節を終えることにしよう。

もし諸国民が国内政策によって完全雇用を実現できるようになるならば、一国の利益が隣国の不利益になると考えられるような重要な経済諸力は必ずしも存在しないのである。適当な条件のもとで国際分業や適切な貸付が行われる余地は依然としてある。……国際貿易は現在では外国市場に対して販売を強行しながら、購入を制限することによって国内の雇用を維持しようとする必死の手段となっているが、これはたとえ成功したとしても、失業問題を競争に破れた隣国に転嫁するにすぎない。（JMK, VII, p. 382）

2　成熟経済への途

GDP大国から成熟経済へ

本川達雄の『ゾウの時間 ネズミの時間』（一九九二）が静かなブームを呼んでいる。動物の世界では、大きいものほど有利だと思われがちだが、そうともいえない。有利さによって巨大化の一途をたどったゾウやクジラの骨格は、進化の袋小路に陥って、そう遠くない将来絶滅の運命にあるそうである。一方、古生物学には「島の規則」という法則がある。氷河期に大陸から切り離されて、島に閉じ込められたゾウのような大きな動物は次第に小型化し、逆にネズミのような小さな動物は島では大きくなっていく現象がみられる。一見すると、経済とは無縁の話のようだが、人間社会にも当てはまりそうである。そうした人々の共感から、この本が読まれているのであろう。

戦後の日本経済は、わずか四〇年たらずの間にジャパン・アズ・ナンバー・ワンといわれるほどの高度成長を遂げ、世界第二の経済大国になった。この成長が国民生活を飛躍的に高めたのは事実だが、その反面さまざまな歪みを生じたことも否定しえない現実である。国土の環境破壊、首都圏への一極集中、工・農経済のアンバランス、所得格差の拡大、急速にすすむ少子・高齢化、心の安心の喪失などさまざまである。物の豊かさの反面失ったものは大きい。平成バブル崩壊とそれにつづく十数年越しの長期スタグネーションは、まさにGDP大国から新たな成熟経済への「国づくり」を目指す絶好の機会だといってよい。これまで各章での議論を踏まえながら成熟経済への途をさぐってみよう。

まず第一は、国内総生産（GDP）大国主義からの脱皮である。これまで経済の成長はつねにグロスの生産によって計測され、それを指標として議論されてきた。神武景気、岩戸景気、いざなぎ景気と神話の行き着くところまで成長をとげ、ついに一九六七年にはGDP世界第二の経済大国になった。しかし、第2章で指摘したように、わが国の資本蓄積はあまりにも急速で、現世代に不釣り合いな負担をかけながら飽和点に近づいてきた。それによってグロスの生産とネットの所得との間には「ズレの法則」――生産が増加すれば所得および消費が増加するが、しかし所得の増加は生産よりも少なく、消費は所得よりも少ない――があらわになってきた。通常、成長がグロスの生産で計測されることが常態化したことで、この「ズレの法則」の重要性は見過ごされがちであるが、GDP大国にもかかわらず、豊かさを実感できない一つの理由である。

ここに資本蓄積のもつディレンマがある。資本が消費から離れて存在する自己充足的なものでないことは自明のことであろう。資本は自己充実的であるどころか、恒久的な習慣とみなされる消費性向が弱まるたびに、消費に対する需要ばかりでなく、資本に対する需要も弱まらざるをえないのだ。

> われわれは今日の均衡を投資の増加によって確保するたびごとに、われわれは明日の均衡を確保することの困難を大きくしているのである。今日の消費性向の減退は、いつの日にか消費性向の増加が起こると期待される場合にのみ、公共の利益と調和させることができる。(JMK, VII, pp. 105–6)

すでに第2章で述べたことだが、わが国のように資本蓄積があまりにも急速にすすみ、生産の迂回度が高まれば高まるほど、グロスの生産とネットの所得のズレは大きくなり、そのギャップはすでに三〇％近くに達しようとしている。その結果、法人企業部門が戦後はじめて資金過剰部門になった。現在日本の長期停滞の決定因の一つである過剰投資も、こうしたわが国独自の資本蓄積メカニズムから生じたものといえよう。

現在日本の状態は、物資がありあまるぐらい生産できる能力も資源も手にしている。そうしたGDP大国主義のもとでの大量生産・大量消費・大量廃棄の経済を改め、新たな成熟経済への途を模索すべき時であろう。

GDP大国主義にはもう一つの重い課題がある。それは巨額の債務負担を後世に残しながら成長をつづけてきたことだ。国と地方の長期債務の総額は七二〇兆円を超え、しかも年々増加の一途をたどっている。特別会計を含む政府債務は一〇〇〇兆円にのぼるともみられている。国債発行残高は五三六・八兆円（〇三年三月末）にのぼる。〇四年度の新規発行額は約三六・六兆円であるから、発行残高は間もなく六〇〇兆円を超えることになる。国債保有額の内訳は、郵貯・簡保が一二六兆円、銀行など一三〇兆円、日銀一〇〇兆円、財投資金六五兆円などである。外国投資家の保有はごくわずかである。主な保有者が政府関係機関や金融機関であることから、国債価格は値崩れしないという安定神話が保たれている。しかし、景気が本格的に回復すれば、金利は上がり、国債価格は下がる。皮肉なことに、日本経済がスタグネーションから脱却し、ゼロ金利政策が解除され、金利が高騰するときが、財政危機が顕在化するときだともいえる。あるいは日銀のゼロ金利政策の「出口」を誤ると、インフレによる国債価格暴落も危ぶまれるであろう。

輸出主導の経済から社会保障主導の経済への転換

戦後の日本は輸出主導の経済成長をつづけてきた。わが国は無資源国だから、必要とされる原材料やエネルギー、食糧などを輸入するには、輸出によって必要な外貨を獲得しなければならない。しかし国民経済主義の立場からは、さきのケインズからの引用から明らかなように、この輸出・輸入はある程度バランスのとれたものでなくてはならない。一九五〇年代から六〇年代にかけて、日本の輸出はこの目的に適うものであった。ところが、七〇年代になるとこのバランスは崩れ、貿易収支の大幅黒字が問題になった。集中豪雨型輸出ともレーザー光線型輸出ともいわれたように、国内市場の狭隘化を外需主導に求めたのである。日米貿易摩擦が激しさを増したのもこの頃であった。〇二年から〇四年に引き継がれている足下の好景気も輸出主導による回復である。たしかに、中国と米国の好景気を両輪に、外需の強さは際立っている。輸出の増加はIT関連だけでなく、鉄鋼や重機など重厚長大産業にも広がっている。企業の設備投資も、自らのキャッシュフローの範囲内ではあるが、増加基調を示している。こうした輸出の急増は国際収支の大幅な黒字をもたらした。財務省の発表（〇四年二月）によれば、一月末の外貨準備高は七四一二億ドル（約七八兆円）と五カ月連続で過去最高を更新した。こうした輸出主導の景気回復をどのように判断するかは難しい。賛否両論の立場がありうるであろう。

今回の輸出主導による、バブル後三度目の好況局面をむかえ、長期スタグネーションから脱出の兆しもようやくみえはじめてきた。景気循環的な視点からは、こうした輸出主導の回復は好ましいものであろう。だが、国民経済主義の立場からは、長期的にみて外貨準備高のあまりにも急激な増加には好ましからざる影響力が隠されている。七〇年代に経験したように、輸出産業がたんに輸出先のシェアを冒すにとどまらず、他国の産業の存立を脅かすことになりかねないからである。いずれの立場をとるにせよ、その背後にはそれなりの論拠がある。

黒字有用論者たちは次のように主張する。日本の経常黒字は、国内の貯蓄が投資を上回った貯蓄超過の結果であり、日本市場が閉鎖的という批判はマクロ経済的に誤りである。さらにその延長線上で、日本の貯蓄超過が世界の貯蓄不足を補っているという意味での「黒字有用論」が唱えられている。これにたいして、国内経済主義者の立場からは、全世界的にみて日本が厖大な貿易黒字をあげることは、どこかの国が対日赤字を抱え込み、対外支払い能力に不足をきたしているからである。「失業問題を競争に破れた隣国に転嫁」することにほかならない。それだけでなく、ケインズが忌み嫌ったように、貯蓄が国内投資にまわらず、海外への資本逃避となる。だから、自由放任の市場経済に代えて、自足的な国民経済こそが重要である。

これまで日本の国是ともみられてきた輸出主導の経済から脱出することは容易ではない。外需主導から内需主導経済への体質改善が必要だが、すぐあとで考察するように、それには新産業を育てることが不可欠である。ただし、ここで内需主導というのは、かつての「リゾート法」による誤ったリゾート関連施設の膨張ではなく、社会保障諸施設を中心に、福祉サービスを地方に根付かせるものでなくてはならない。

東京一極集中から地方分権時代へ

成熟社会への第三の課題は、東京一極集中から地方分権の時代への転換を積極的に推進することである。日本人の一〇人に一人が首都圏に住むという異様な一極集中である。同時に、かねてから東京は世界一危険な都市だということも指摘されている。横浜から千葉にかけての東京湾一体につらなって石油コンビナートが密集し、地震災害などによる危険を孕んだ地区だからである。

政府は〇二年七月、都市再生特別措置法に基づいて「都市再生緊急整備地域」（一七地域）を指定した。東京では都内七地区が選ばれた。中心市街地の衰退が著しい地方都市から選ばれたところはなく、密集した都市とくに「東京の再生」が狙いである。いま都内を歩いてみよう。東京駅周辺、汐留から浜松町など壮大な超高層ビルが建ち並んでいる。建設中の大型クレーンも目につく。

長らくつづく不況の中で、政府は景気対策としてこの特別措置法による都市再開発をねらったのであろう。民間の不動産投資が活発に動いている地域を対象に規制緩和し、さらなる民間投資を呼び込むことによる需要の創出を狙ったものだ。それによって景気の底上げをしようというのである。矢作（二〇〇二）は、市場主義に傾斜した景気対策としての都市再生が抱える深刻な問題を次のように結論づけている。「都市再生」は政治が成長マシーンの一翼を担い、大規模開発の行方を市場にお任せするスタイルで進行する。……超高層ビルの建設ラッシュで開発バブルが起きているところにさらにバブルの種を蒔くことになる。「二〇〇三年問題」といわれ、オフィス床面積が過剰になる心配がある。そうなれば、たちまちバブルがはじけて不況対策の「都市再生」どころか、日本経済全体を奈落の底に落とすことになる。

榊原（二〇〇三）も同様に、近代化の徒花のように咲いた東京バブルはやがて崩壊するだろうと予測する。彼がとくに注目するのは、東京一極集中が政治や行政の集中だけでなく、産業や企業レベルにまで達していることだ。ちなみに、日経二二五社のうち東京に本社を置くのは六七社、全体の七四％にのぼる。大阪に本社を置く三四社を加えると実に全体の八九％が東京・大阪本社である。東京一極集中の最大の問題は、日本の主要企業の本社とその中枢的機能が東京に集中していることにある。しかし、情報革命の進展、ビジネス・モデル変更の必要性などを考えると、産業クラスターとしての東京の相対的メリットは次第に低下しつつある。これまで極端な東京一極集中が地方経済の疲弊と東京バブルを生んできたが、これからは地方自治体と民間企業が協調して企業の本社や研究所の地方移転の努力をすることが、日本経済の活性化につながるであろう。

国民経済主義の立場から、日本国内の生産拠点や生活のインフラの整備という意味でいえば、むしろ東京や大阪のような巨大都市ではなく、昔の城下町、おそらく人口二〇万から三〇万程度の中都市が都市空間としてはもっとも適切なものだろうし、勤労者のかなりがこの規模の都市に住んでいる。現実には、その中規模の都市の衰退とその環境の悪化こそが大きな問題というべきであろう。職住を近接させた形で、個性をもった中都市を創ることが成熟経済へのいま一つの課題であろう。

3　二一世紀に新たな価値を問う

新しい「国づくり」のための産業政策

ＧＤＰ大国主義や輸出主導の経済から脱して、石橋の主張する前向きの小日本国あるいはケインズの国民的自足経済にすすむには、経済政策の根本的な革新がもとめられよう。これまでの論述を踏まえながら、成熟経済への政策づくりを考えてみよう。

ケインズの基本的な考えは企業の投資こそが有効需要をきめる決定的なファクターであり、その結果、経済変動をもたらす最大の要因を投資に求めるところにある。ところが、この投資は企業家が資本資産から将来にわたってどれくらい利益が期待できるかという期待収益（資本の限界効率）によって決定される。第１章で詳しく論じたように、期待は、等確率を基礎においた保険数学的期待値の平均に頼れるものではない、つまり数学的期待値のように合理的に計算可能なものではない。「市場の欠陥」があるとすれば、それはこの期待収益にたいしてなんらの情報も与えることができないことだ。企業家は自らのアニマル・スピリットに頼るしかない。

しかも、所有と経営の分離にともない、長期スタグネーションのさなかで企業がしばしば経験したように、株式取引所の日々の再評価が企業の存続にとって決定的な影響をおよぼす。

投機家は、企業の着実な流れに浮かぶ泡沫としてならば、なんの害も与えないであろう。しかし、企業が投機の渦巻きのなかの泡沫となると、事態は重大である。一国の資本発展が賭博場の活動の副産物となった場合には、仕事はうまくいきそうにない。(JMK, VII, p. 159)

ケインズ政策が金利政策から公共投資政策へ、さらに「投資の社会化」政策へと深化していったのも、国民的自足経済の安定化のためには、この不安定な投資の長期安定化が不可欠だと考えたからにほかならない。われわれは前章で小泉内閣による「水素エコノミー宣言」を期待したのも、成熟経済へむかう日本経済にとって投資の長期安定化が必要であり、その具体的な産業政策として水素エネルギーへの転換を希求するからであった。

いまや水素エコノミーの幕明けを迎えようとしている。水素エコノミーが普遍化するには、ドイツの脱原発に要する期間と同じくらい、おおよそ三〇年以上の超長期におよぶであろう。早急に「水素エネルギー計画」を策定することが望まれる。その策定にあたって必要ないくつかの要点を列挙してみよう。

① 水素の生産方法の三段階——天然ガス利用からメタンハイドレート、さらに太陽光・水素製造——において、必要とされるであろう新技術を積極的に推進する。

② これまで水素エネルギーにややもすると消極的であった電力会社も、高温ガス原子炉の活用による水素量産が可能となり、ガス会社との協力のもとで、より積極的な参加が望まれる。

③高温ガス炉でも放射性廃棄物の危険性は変わらないので、燃料電池利用がすすむにつれて、原子力発電所を耐用年限におうじて段階的に縮小する。

④政府は燃料電池利用を推進するため、水素スタンドを全国規模で各県で年間約一〇～二〇カ所、一〇年間で一〇〇～二〇〇カ所を目途として設置する。

⑤燃料電池はエネルギーの分散型システムであるから、これまでの集権化された経済インフラを必要としない。したがって、地方分権を推進して地方への企業誘致を積極的に推進する措置をこうじて、地方の活性化を図る。

⑥政府は公共組織、電力会社やガス会社などの半公共組織、石油会社などの民間機関の三者よりなる「水素エコノミー」将来計画審議会を設け、より具体的な将来像を策定することが必要である。

福祉サービスの経済効果

日本は二一世紀に入るとすぐに人口が減少しはじめる。早い予測では、二〇〇一に日本の総人口が一億二六五六万人でピークに達し、それから減少をはじめる。一九九五年の国勢調査に基づいた、国立社会保障・人口問題研究所の中位推計では、二〇〇七年に一億二七七八万人でピークに達する。どちらの値をとるにせよ、二〇一〇年より早い時期に人口が減少をはじめることには変わりない。

日本にかぎらず、すべての先進諸国では、この一世紀の急激な死亡率の低下で高齢者の多い社会を否応なしに迎えることになった。大人も子供も死ななくなった社会は、必然的に子供を必要としなくなる。どこの国でも出生率の低下と高齢化率の増加は高い相関を示し、高齢化社会では人口を維持するに足る出生率を確保できなくなった。こうした少子・高齢化がわが国では他国に先駆けてはじまったのである。日本でもすでに二〇〇〇年より介護保険制度がはじまり、五兆円規模ともいわれる介護サービスをはじめとした福祉部門の需要の拡大が想定されている。

これまでの経済学の「常識」では、福祉部門に経済資源がより多く配分されれば、社会全体の生産効率は低下し、経済活力や経済成長にはネガティブな影響をあたえると考えられてきた。他方、高速道路などの公共事業をはじめとする建設投資は、経済効率を高め、波及効果も大きく経済の活性化に大きな役割をはたすとされ、これまで「土建国家」がつくられてきた。

永峰（一九九五、九七）はこうした「常識」に疑念をいだき、産業連関表をもちいて福祉部門と公共部門との経済効果の比較を試みている。まことに先駆的業績ともいうべきものである。こうした永峰の分析手法が一九九九年版『厚生白書』にも取り入れられて、社会保障の経済効果が分析されるようになった。そこでは①生産の波及効果の大きさ、②どのような産業部門に波及するか、③雇用の拡大や雇用構造にどのような影響があるのか、などの実証分析が試みられている。その内容を『厚生白書』にそって要約してみよう。

一九九五年の産業連関表によれば、わが国の経済規模は国内生産額は約九三七兆円、純所得として家計などに分配される額は五〇五兆円であった。社会保障部門（医療、保健衛生、社会保険事業、社会福祉）の国内生産は約三六兆円と全体の三・九％を占める。これに医療品などの関係部門を加えると、約五八兆円と全体の六・二％を占めている。

産業連関表は、ある部門の経済規模を明らかにするだけでなく、他の産業部門とのつながりを数値で表したものである。まず生産の波及効果についてみてみよう。社会保障部門に対する需要が増えると、それが他部門に波及し、他の多くの産業における生産額を増加する。これを「一次効果」という。さらに、その産業で働く人々の所得を増やし、消費支出にともなう消費財の生産が増加する。これを「二次効果」という。

一九九五年の産業連関表における生産波及効果（一次効果）の数値は全産業平均で一・八五〇である。社会保障部門の生産波及効果は一・七三五である。最終需要が一〇〇〇億円増加した場合の一次効果は約一七三五億円になることを意味する。さらに、社会保障部門は人的な資源を多く投入するため、生産額に占める賃金などの割合が高く、二次効果を試算すると、六〇六億円となり、一次効果と二次効果を合わせた経済効果は、約二三四一億円となる。これは公共投資の波及効果に匹敵する波及効果である。

社会保障の守備範囲はきわめて広い。保険、医療、福祉分野のみならず、社会保険、公衆衛生、環境衛生分野まで広範である。これらの分野で働いている人々の数は、約四四六万人（一九九六年）になる。その増加率は、就業者全体の伸びよりも高い。いまや全就業者の一五人に一人は、これらの社会保障関係業務に従事している。社会保障分野のうち、保険・医療・福祉分野という社会サービス分野の従業者の動向をみると、一九九六年には三一七万人となっている。建設業（六七〇万人）の半分以下であるが、運輸・通信業（四一一万人）や、金融・保険業、不動産業（二五六万人）に匹敵する規模である。

平成以降のいわゆるバブル景気崩壊に端を発した経済不況とともに、社会保障制度に対する不安が高まっている。世論調査をみると、社会の第一線で働いている現役世代のほうが、高齢世代よりも、将来に対して暗いイメージをもち、社会保障制度に対する不安感が大きい。石橋の「人」中心の産業革命やケインズの国民的自足経済を実現するためにも、社会保障部門のいっそうの充実が望まれる。しかも福祉サービスは直接個々の住民にかかわるので、この点からも地方分権の推進が必要である。

ケインズの「初期功利主義」批判

二一世紀は、これまでにも増してグローバリゼーション（地球化）のすすむ時代であろう。グローバリゼーションには二つの途がある。一つは、人間の自由に焦点をあて、貧困と圧制や社会的窮乏などを取り除こうとする途である。いま一つは、これとは対照的に、新古典派マクロ経済学にのっとってGNPの成長、工業化、社会的近代化をすすめる途である。われわれはこうした二つのグローバリゼーションの背後にある経済思想の変化をたどりながら、二一世紀における「新たな価値」を問いたい。

世界史からみて市民革命以後の思想は、それまでの王権や教会の支配から脱して、次第に人間中心の自由主義と個人主義の時代に移っていった。一八世紀の思想家たち、ロック、ヒューム、ルソーは、それぞれ自然的自由論や社会契約論をとなえて、新しい思想の形成に貢献してきた。こうした哲学者たちの思想は、ほぼ五〇年後にはベンサム（一七四八―一八三二）の功利主義（utilitarian-ism）に集大成された。近代経済学の諸理論はすべて広い意味での功利主義の伝統のうえに成り立っているといってもけっして過言ではない。

ここでいう広い意味での功利主義というのは、その内容をおおよそ快楽主義、帰結主義、総和主義にまとめることができる。

(1) 快楽主義――自然は人間を「苦痛と快楽」という二人の主君の支配下においた。効用理論とは、あらゆる行動を当該する利害関係者の幸福を増加させ、あるいは減少させなければならないようにみえる傾向におうじて、認めたり認めなかったりする理論である。このベンサムの素朴快楽主義の心理学が経済分析に驚くほど役立つことが証明されたのは、S・ジェヴォンズ、L・ワルラス、K・メンガーの三人によってほぼ同時に実現された「限界革命」であった。

(2) 帰結主義――ベンサムは効用が測定可能な量であることを当然のこととして認めた。さらに彼は時間の速さ、確実さのように、効用を決定する諸要因をいろいろの方法で精緻化しようと試みたが、効用測定の手法は確定されなかった。一般に、数学的期待値は統計的頻度説として定式化されるが、確率計算にもとづいて帰結を確定することは、不確実性の世界を確実性の世界に還元することになる。

(3) 総和主義——さらにすすんでベンサムは、あらゆる個人の効用には共通の尺度があり、それゆえ、それらはちょうど個々の農場の総和が一国の全農業地区を生みだすのと同様に、互いに足し合わされて一社会の全快楽を生みだすことができるとする。こうして、ベンサムの有名な「最大多数の最大幸福」の原理が導きだされたのである。

ケインズが『自由放任の終焉』(一九二四)や後年の「若き日の信条」においてベンサムの初期功利主義を批判したのも、まさにこの三点につきる。

われわれは、われわれ世代のなかで真っ先に、おそらくその間でもわれわれだけが、ベンサム主義の伝統から抜け出すことのできた者に属していたのである。……あの青年時代に、われわれの理想がどんなものであったかということである。……今日私は、ベンサム主義の伝統こそ、近代文明の内部をむしばみ、その現在の道徳的荒廃に対して責めを負うべき蛆虫であると考えるものである。……その実、世間一般の理想の本質を破壊しつつあったのは、経済的基準の過大評価にもとづくベンサム主義の功利計算であった。(JMK, X, pp. 445-6)

ケインズが快楽主義にかえて「理想」とするのは、彼の師であるムーアの倫理学で展開された「善」の理念で、愛と美の追究こそが善である、という思想であった。第二の帰結主義は、効用概念によって、不確実性の世界につきものの疑念、不安、希望、期待、惰性といったものを捨象してしまって、ケインズ理論の本質的特徴のひとつを無視してしまうことになる。第三の総和主義もケインズの方法論の本質にかかわる問題である。第1章で論じたように、ラムジーの批判に答えて、個人的判断（個）と普遍的認識（全体）との関係をつまずきの石として、共同体的プラグマティズムという形で克服したものである。具体的には、この共同体が家計・投資家・企業家という多元的な階層に分けられて、それぞれの行動様式が分析せられ、全体のモデル・ビルディングがなされたのである。これらのことを踏まえて、ベンサムの自由放任にもとづく古典的な功利主義の原理を退けたのである。

個々人が各自の経済活動において、永年の慣行によって公認された「自然的自由」を所有しているというのは本当ではない。持てる者、あるいは取得せる者に永続的な権利を授与する「契約」など存在しない。世界は、私的利益と社会的利益とがつねに一致するように、天上から統治されてはいない。世界は、実際問題として両者が一致するように、この地上で管理されているわけでもない。啓発された利己心が、つねに公益のために作用するというのは、経済学の諸原理から正しく演繹されたものではない。また、利己心が一般的に啓発されているというのも正しくない。（JMK, X, pp. 288-9）

ところで、ケインズが批判の対象とした初期功利主義の建設者たちは、誰もが効用の基数的可測性については疑いを抱いていた。効用が測定可能だという考えは、できることなら無しですませたいのである。幸いにも、F・エッジワースにはじまる無差別曲線による解析法が提唱されるにいたって、人々の効用が量的に測定されなくとも、市場における財の交換比率をもとに、ある財と他の財との選好順序によって経済分析が可能であるとの途が開けてきた。自然数には、物の順序を示す機能と物の個数を示す機能がある。前者の物の順序が注目されたのである。

こうした効用の可測性をまったく必要としない消費者理論を最初に建設したのは、V・パレートであった。パレートは次のように推論した。二つの商品バスケットに直面した個人は、つねに、一方のバスケットを他方より好むか、それら双方に対して無差別であるかのいずれかの態度をとる。この二項選択の能力を前提にして、個人にMというバスケットと他のあらゆるバスケットとの間で選択するよう求めることによって、一つの無差別曲線を決定することができる。この手続きは効用にまったく言及していない。そして、いったん無差別曲線群が決定されてしまえば、任意の予算の最適配分を決定することが可能となる。

パレートはこのようにして、「パレート最適」として有名になった社会的最適の必要条件を導出した。もし、すべての人を少なくとも今と同じ程度に豊かにし、少なくともひとりの人を今より豊かにすることができるような択一的な決定が他に存在しなければ、その社会的決定はパレート最適である。この定義では、各人はある社会的選好が他の社会的選好よりも選択されることを意思表示するが、選好の強さについて測定することはまったく要求されていない。したがって、パレート最適は純粋に序数的概念である。

しかしながら、このパレート最適は弱い条件である。本質的な意見の一致がある場合に限り、二つの択一的な社会的決定を比較することができるからである。この見方をすると、択一物のある所与の集合のなかには、通常この概念を満足させる多くのものが存在することになる。たとえば、少数の人々が厖大な富をもち、多数の人々が貧困であるという明らかに不公正な配分も、なんらかの方法で少数の人々を損なうことなしに多数の人々の運命を改善する方法がないかぎり、やはりパレート最適だということになるからである。このパレート最適をめぐって社会的決定理論の分野ではさまざまな論争が行われてきた。たとえば、アローは見かけ上合理的な一組の社会的決定のための合理的基準を形式的に説明し、それらが互いに整合的でないことを明らかにした。これがアローの「一般不可能性定理」と呼ばれるものである。このアローの逆説の評価については、大きな論争を引き起こし、それが現在もなお続いている。

センによる「現代功利主義」批判

こうした社会的決定論や倫理学上の論争はひとまず脇において、話を経済学の分野にもどそう。経済学者は多くの経済政策の全体としての望ましさを判断するさいに、いまだにパレートの基準を合理的なものとして使っている。アマルティア・センは『合理的な愚か者』（一九八九）において、経済学にみられる「人間観」について次のように問いかけている。経済学の第一原理は、どの行為者も自己利益のみによって動機づけられている。この人間観は、経済学のモデルのなかで一貫して維持されており、経済理論の本質は、この基本的な仮定によって大きな影響をうけてきたように思われる。なにゆえに人は、たんに細部において不正確というのではなく、根本的に誤っていると自分でも思うような仮定を選ぶのだろうか。

競争市場での交換の均衡と、今日の経済学の用語で経済の「コア」と呼ばれるものとの間には、明確な対応が存在していた。ある結果が経済の「コア」といわれるのは、さきの富者と貧者のたとえのように、それ以上改善しえないという一連の条件を満たすときであり、かつそのときに限る。そうした一連の条件は、何人も、他の誰かの状態を悪化させることなしにはもはや己の状態を改善しえず（「パレート最適」）、のみならず何人も、もし交換を行わずにいたときに迎えていたであろう状態よりも劣る状態にいないことである。このようなモデルでは、〔生産諸要素の〕賦存の初期分配が所与であれば、右の意味でもはやどんな実行可能な代替措置よりも優れている。

新古典派の経済学では、多くの第一級の経済学者たちが、自己利益に動機づけられた価格シグナルによって導かれた分権的経済は、経済的資源のありうべき他のどんな処分方法よりも優れているとみなしてきた。もし経済学における人間の自己利益を追求するという人間観が疑問視されれば、そのよって立つ基盤すら危ぶまれることになる。さらにこの自己心仮説に傾きがちになるもう一つの理由は、「顕示選好」（revealed preference）という考え方である。企業は消費者の顕示的選好を確認し、市場メカニズムはこうした選好が確実に満足されるように作用する。つまり、選択肢xとyのうちいずれを好むかという選好を「顕示」するのだとされる。顕示選好の概念は、新古典派の経済学者たちがしばしば口にする「市場がいちばんよく知っている」という考え方に欠かせないものだ。この概念の魔法にかけられた世界では、あなたは自分自身の効用を最大化しようとしている者として登場するだけなのである。

この顕示選好理論による利己主義アプローチは、近年ではしばしば合理的選択という名称でまかりとおっている。この合理的選択のもとで、ある人の選択が「合理的」とみなされるのは、その人のなすべての選択が顕示選好と無矛盾な一定の関係によって説明されるとき、またそのときに限る。しかし、センにいわしめれば、このようなアプローチは多くを仮定しすぎているし、また余りにも少ししか仮定していない。余りにも少ないというのは、通常理解されているような選好・厚生を扱うさいに選択行動以外の情報源が存在しないからである。また多くを仮定しすぎているというのは、実際の選択はさまざまな考量の間の妥協を反映しているにすぎず、個人的厚生は、そうした考量のうちのただの一つにすぎぬかもしれないからである。

このような顕示選好の考え方に反対しそれを克服するものとして、センは(1)共感、(2)コミットメントという概念を導入する。共感というのは、他者への関心が直接に己の厚生に影響をおよぼす場合に対応している。いいかえれば、「善き生」(well-being)についてのある人の感覚が、心理的にある他人の厚生に依存していれば、その他人の厚生の増大の知覚は、その人自身の状態を直接により望ましいものにする。コミットメントというのは、他人の苦悩を知ったことによってあなたの個人的環境が悪化したとは感じられないけれども、しかしあなたは他人が苦しむのを不正なことと考え、それをやめさせるために何かをする用意があることである。この概念は、その人の手の届く他の選択肢よりも低いレベルの個人的厚生をもたらすということを、本人自身が分かっているような行為を他人への顧慮ゆえに選択する、ということによって定義しうる。

　近代経済学の用語法にあって共感は、「外部性」の一つである。そして多くの新古典派の標準的モデルでは外部性を排除する。もし共感の存在がこれらのモデルに導入されたならば、そこから得られた標準的な帰結のいくつかは瓦壊するが、モデルの根本的構造を改変すべき深刻な理由とはならない。他方コミットメントは、現実的な意味で反―選好《カウンター・プリファレンシャル》的な選択を含んでおり、そのことによって、選択された選択肢は、それを選んだ人にとって他の選択肢より望ましいはずだという根本的な想定を破壊する。そしてこのことは、モデルがこれまでと異なった仕方で定式化されることを要求する。いずれにせよ、コミットメントが選択の一つの構成要素であるということが認められるならば、伝統的な経済学モデルにおける選択行動と厚生の達成をつなぐ根本的な環は、すぐさま切断される。

　現代の新古典派において、合理的期待形成理論は花盛りである。合理的期待の考え方は、「合理的」経済主体――つまり個々人や諸企業――は期待形成上の誤りから学び取るだけでなく、その学習過程のおかげで経済全体の運動を決定する正しいモデルを認識する、というものだ。しかしこのモデルに前提されている人間は、きわめて単純な選好順序をもつと想定されている。センはこうした合理的期待の考え方を痛烈に批判する。

> 確かに、そのようにして人間は、その選択行動において矛盾を顕示しないという限定された意味で「合理的」と呼ばれるかもしれない。しかしもしその人がまったく異なった諸概念の区別を問題にしないのであれば、その人はいささか愚かであるにちがいない。純粋な経済人は事実上、社会的には愚者に近い。しかしこれまでの、経済理論は、そのような単一の万能の選好順序の後光を背負った合理的な愚か者（rational fool）に占領され続けてきたのである。人間の行動に関係する〔共感やコミットメントのような〕他の異なった諸概念が働く余地を創り出すためには、われわれはもっと彫琢された構造を必要とする。（『合理的な愚か者』一四六ページ）

ケインズにしろ、センにしても、功利主義の基本的な見方である快楽主義・帰結主義・総和主義を批判する点では、時代の相違による功利主義の中身の違いを別にして、両者とも共通している。ケインズはベンサム流の古典的功利主義批判を基礎に、自由放任のもとでの「セー法則」ないし完全雇用理論を否定して、失業理論を打ち立てた。同様に、センはパレート最適をめぐる現代功利主義批判に導かれて、新しい経済開発理論を模索しようとしている。

ここでの論述は、センによる現代の功利主義批判に限定されたけれども、センの世界ははるかな広がりをもっている。センはケンブリッジ大学でM・ドッブやJ・ロビンソンに師事している。ケンブリッジ学派の始祖であるA・マーシャルは、経済学者が「冷静な頭脳」と「温かい心」をもって、貧困の諸原因を追求すべきことを推奨した。センはこうした伝統を受け継ぎ、これを発展させようとしているのである。

『貧困と飢饉』（二〇〇〇）において、従来の食料供給量の減少アプローチに換えて、より根源的な「権原」アプローチ（entitlement）を提唱して、現代の飢饉をより構造的にとらえた。ちなみに、権原というのは、たんなる実質所得の購買力だけではなく、雇用制度や社会保障、相互扶助のあり方など、より広範な内容を含んだ概念である。

『不平等の再検討』（一九九九）では、衣食住や移動、社会生活への参加のような人間にとって基本的ないとなみをなしうる潜在能力（capability）の平等を唱えて、「善き生」の実現を意図した。これによって従来の実質所得アプローチをのりこえた。

『自由と経済開発』（二〇〇〇）には、センの実践上の具体的アプローチが示されている。二〇億人の人々が一日二ドル以下で生活し、一三億人の人々が清潔な水もなく暮らしている。飢えからくる病気で、毎日四万人の子供が死んでいる。こうした解決の難しい問題にたいして、新古典派のマクロ経済政策アプローチではとうてい律しきれない。そこで、センは自由としての経済開発――相互利益のための交換を基本とする「友好的」な過程――を主張する。この自由には、経済活動への参加の自由、政治表現、政治参加、社会的機会への自由などが含まれる。

もとより、この二つのアプローチは、現在の市場の仕組みを利用することで、相互依存の関係にあるだろう。そのさい節度ある市場経済を求めて、過度の輸出入や過度の投機が戒められるべきであろう。そのためにも、小原（二〇〇一）の主張するように、トービン税の導入が必要である。そのうえで、国際的な「投資の社会化」政策が望まれる。ただし、OECDが秘密裡に作成した多国間投資協定（MAI）のごときは、アナクロニズムといわざるをえない。

まことにアマルティア・センの世界は、地球市民の意識をもった、二一世紀に新たな価値を問うものであろう。われわれケインジアン・プロジェクトがケインズの思想の泉から求めたのも、この新たな価値にほかならない。

参考文献

Arrow, K.J. and F.H. Hahn (1971) *General Competitive Analysis*, Holden-Day and North-Holland. 福岡正夫・川又邦雄訳『一般均衡理論』岩波書店、一九七六年。

Barrère, A. (1988) "The Keynesian Project," in *The Foundation of Keynesian Analysis*, ed. by A. Barrèrer, Macmillan.

———(1988) "The Foundations of a Monetary Production Economy," in *The Foundation of Keynesian Analysis*, ed. by A. Barrère, Macmillan.

Davidson, P. (1972) "A Keynesian View of Friedman's Theoretical Framework for Monetary Analysis," *Journal of Political Economy*, Sept./Oct.

———(1974) "Disequilidrium Market; Marshall Revisited," *Economic Inquiry*, June.

———(1978) *Money and the Real Workd*, 2nd ed., Macmillan. 原正彦監訳、金子邦彦・渡辺良夫訳『貨幣的経済理論』日本経済評論社、一九八〇年。

———(1980) "The Dual-Faceted Nature of the Keynesian Revolution: Money Wages in Unemployment and Produbction Flow Prices," *Journal of Post Keynesian Economics*, Spring.

Dornbusch, R. and S. Fischer (1981) *Macroeconomics*, McGraw-Hill, 1978. 坂本市郎・一河秀洋・中山靖夫訳『マクロ経済学』マグロウヒル好学社。

Drucker, P.F. (1987) "The Changed World Economy." 森口親司監訳「世界経済は変わってしまった」『季刊アステイオン』No.三、冬。

Fisher, I. (1935) *The Theory of Interest,* New York: Macmillan, 1930. 気賀勘重・気賀健三訳『利子論』岩波書店。
Friedman, M. (1963) A Monetary History of the United States, 1867-1960, Princeton Univ. Press.
———(1974) "A Theoretical Framework for Monetary Analysis," in *Milton Friedman's Monetary Framework,* ed. by R. J. Gordon, University of Chicago Press. 加藤寛孝訳『フリードマンの貨幣理論』マグロウヒル好学社、一九七八年。
Harrod, R. F. (1951) *The Life of* J. M. *Keynes,* Macmillan. 塩野谷九十九訳『ケインズ伝』東洋経済新報社、一九五四年。
Hicks, J. (1937) "Mr. Keynes and the 'Ciassics': A Sggested Interpretation," *Econometrica,* vol. 5, April.「ケインズ氏と『古典派』」江沢・鬼木訳『貨幣理論』東洋経済新報社、一九七二年所収。
———(1974) *The Crisis in Keynesian Economics,* Basil Blackwell & Mott. 早坂忠訳『ケインズ経済学の危機』ダイヤモンド社、一九七七年。
———(1977) *Economic Perspectives,* Oxford University Press. 貝塚啓明訳『経済学の思考法』岩波書店、一九八五年。
Kahn, R. (1978) "Some Aspect of Development of Keynes's Thought," *Journal of Economic Literature,* Vol. XVI, June.
———(1984) *The Making of Keynes' General Theory,* Cambridge University Press. 浅野栄一・地主重美訳『ケインズ『一般理論』の形成』岩波書店、一九八七年。
Kaldor, N. (1939) "Speculation and Economic Stability," *Review of Economic Studies,* in his *Essays on Economic Stadility and Growth,* Gerald Duckworth, 1960.
———(1982) *The Scourge of Monetarism,* Oxford University Press. 原正彦・高川清明訳『マネタリズム　その罪過』日本経済評論社、一九八四年。

Keynes, J. M. (1923) *A Tract on Monetary Reform*, in *Collected Writings of John Maynard Keynes*, Vol. 4, Macmillan, 1971. 中内恒夫訳『ケインズ全集』第四巻、『貨幣改革論』東洋経済新報社、一九七八年。

———(1930) *A Treatise on Money: The Pure Theory of Money*, in *Collected Writings of John Maynard Keynes*, Vol. 5, Macmillan, 1971. 小泉明・長沢惟恭訳『ケインズ全集』第五巻、『貨幣論1』東洋経済新報社、一九七九年。

———(1930) *A Treatise on Money: The Applied Theory of Money*, in *Collected Writings of John Maynard Keynes*, Vol. 6, Macmillan, 1971. 長沢惟恭訳『ケインズ全集』第六巻、『貨幣論2』東洋経済新報社、一九八〇年。

———(1936) *The General Theoy of Employment, Interest and Money*, in *Collected Writings of John Maynard Keynes*, Vol. 7, Macmillan, 1973. 塩野谷祐一訳『ケインズ全集』第七巻、『雇用・利子および貨幣の一般理論』東洋経済新報社、一九八三年。

———(1931) *Essays in Persuasion*, in *Collected Writings of John Maynard Keynes*, Vol. 9, Macmillan, 1972. 宮崎義一訳『ケインズ全集』第九巻、『説得論集』東洋経済新報社、一九八一年。

———(1973) *Collected Writings of John Maynard Keynes*, Vol. 13, Macmillan.

———(1973) *Collected Writings of John Maynard Keynes*, Vol. 14, Macmillan.

———(1981) *Collected Writings of John Maynard Keynes*, Vol. 19, Macmillan. 西村閑也訳『ケインズ全集』第一九巻、『金本位復帰と産業政策』東洋経済新報社、一九九八年。

Kregel, J. A., (1976) "Economic Methodology in Face of Uncertainty," *Economic Journal*, June.

———(1980) "Markets and Institutions of a Capitalistic Production System," *Journal of Post Keynesian Economics*, Fall.

———(1982) "Money, Expectation and Relative Prices in Keynes' Monetary Equilibrium," *Economic Appli-*

quēe.

———(1983) “Budget Deficits, Stabilisation Policy and Liquidity Preference: Keynes’s Post-War Policy Proposals,” in *Keynes’s Relevance Today,* ed. by F. Vicarelli, Macmillan.

———(1984) Monetary Production Economics and Monetary Policy, Economies et Societes, Cahiers de I’I. S. M. E. A., Tome 18, No. 4.

———(1985) “The Multiplier and Liquidity Preference: Two Sides of the Theory of Effective Demand,” in *Keynes Today: Theories and Policies,* ed. by A. Barrère, Macmillan.

———(1985) “Hamlet without the Prince: Cambridge Macroeconomics without Money,” *American Economic Review,* May.

———(1997) The Theory of Value, Expectations and Chpter 17 of The General Theory, in G.C. Harcourt and P. A. Riach eds., A Second Edition of The General Theory Vol.1.

———(1998) “Aspects of Post Keyesian Theory Finanse,” *Journal of Post Keynesian Economics,* Vol. 21, No. 1, Fall.

———(2000) Krugman on the Liquidity Trap: Why Inflation Won’t Bring Recovery in Japan, Jerome Levy Institute, Working Paper 298.

Krugman, P. (1998) It’s Baaaack ! Japan’s Slump and the Return of the Liquidity Trap, Brooking Paperson Economic Activity, 2.

Minsky, H. (1988) *John Maynard Keynes,* Columbia University Press, 1975. 堀内昭義訳『ケインズ理論とは何か』岩波書店。

———(1982) *Can ‘It’ Happen Again?: Essays on Instability and Finance,* M. E. Sharpe Inc. 岩佐代市訳『投資と金融』日本経済評論社，一九八八年。

——(1986) *Stabiliging an Unstable Economy*, Yale University Press. 吉野紀・浅田統一郎・内田和男訳『金融不安定性の経済学』多賀出版、一九八九年。
OrLèan, A (1999) *Le pouvoir de la finance*, Editions Odile Jacob. 坂口明義・清水和巳訳『金融の権力』藤原書店、二〇〇一年。
Ormerod, P. (1994) *The Death of Economics*, London. 斉藤淳一郎訳『経済学は死んだ』ダイヤモンド社、一九九五年。
Panico, C. (1988) *Interest and Profit in the Theories of Value and Distribution*, Macmillan.
Robinson, J. (1952) *The Rate of Interest and Other Essays*, Macmillan.
——(1961) "Own Rates of Interest," *Economic Journal*, *September*.
——(1971) *Economic Heresies*, Basic Books. 宇沢弘文訳『異端の経済学』日本経済新聞社、一九七三年。
——(1972) "The Second Crisis of the Economic Theory," *American Economic Review*, May in *Selection of Collected Economic Papers*, vol. 1-5. 山田克巳訳『資本理論とケインズ経済学』日本経済新聞社、一九八八年、所収。
Rogers, C. (1989) *Money, Interest and Capital*, Cambridge University Press. 貨幣的経済理論研究会訳『貨幣・利子および資本』日本経済評論社、二〇〇四年。
——(1989) "Monetary Equilibrium and the Principle of Effective Demand," Mimeo.
——(2002) "Keynes, Money and Modern Macroeconomics," Eds. by P. Arestis, M. Desal & S. Dow, *Money, Macroeconomics and Keynes*.
Skidelsky, R. (1996) *Keynes*, Oxford University Press, 浅野栄一訳『ケインズ』岩波書店、二〇〇一年。
Tobin, J. (1958) "Liqudity Preference as Behavior towards Risk," *Review of Economic Studies*, February.
——(1971) "Money, Capital and Other Stores of Value," in his *Essays in Economics*, Vol.1, North-Hollard.

——(1984) "On Efficiency of the Financial System," *Lloyds Bank Review*, No.153, in his *Policies for Prosperity*, Wheatsheaf Books, 1987.

Townshend, H. (1937) "Liquidity Premium and the Theory of Value," *Economic Journal*, March.

アマルティア・セン、大庭・川本訳（一九八九）『合理的な愚か者』勁草書房。

——池本・上野・佐藤訳（一九九九）『不平等の再検討』岩波書店。

——黒崎・山崎訳（二〇〇〇）『貧困と飢饉』岩波書店。

——石塚訳（二〇〇〇）『自由と経済開発』日本経済新聞社。

石橋湛山（一九九五）『リベラリストの警鐘』東洋経済新報社。

——（一九九六）『大日本主義との闘争』東洋経済新報社。

伊藤邦武（一九九九）『ケインズの哲学』岩波書店。

岩佐代市（二〇〇二）『金融システムの動態』関西大学出版部。

小原英隆（二〇〇一）「投機的国際資本移動へのケインジアンの取り組み」『明治大學社会科学研究所紀要』第三九巻第二号。

香西泰（二〇〇一）『高度成長の時代』日本経済新聞社。

川本隆史（一九九五）『現代倫理学の冒険』創文社。

ジェレミー・リフキン（二〇〇三）『水素エコノミー』NHK出版。

ポール・クルーグマン（一九九八）「罠に落ちた日本経済」『This is 読売』九月号。

——（一九九九）「恐慌型経済への回帰」『論座』三月号。

——（二〇〇〇）「「インフレ目標政策」は間違っていない」『週刊東洋経済』一月一五日号。

——（二〇〇二）『恐慌の罠』中央公論新社。

経済同友会編（一九二九）『資本窮乏と蓄積対策』同友社。

小林慶一郎（二〇〇〇）「バランスシート不況のマクロ経済論」吉川洋・通産研究所編著『マクロ経済政策の課題と論点』東洋経済新報社。

小林慶一郎・加藤創太（二〇〇一）『日本経済の罠』日本経済新聞社。

厚生省／監修（一九九九）平成一一年度版『厚生白書』ぎょうせい。

斉藤誠（二〇〇二）『先を見よ、今を生きよ』日本評論社。

榊原英輔（二〇〇三）「東京バブルが崩壊する日」『中央公論』一一月号。

佐伯啓思（一九九九）『ケインズの予言』PHP研究所。

佐伯胖（一九八〇）『「きめ方」の論理』東京大学出版会。

神野直彦（二〇〇二）『地域再生の経済学』中央公論新社。

高木善之（一九九六）『地球村宣言』ビジネス社。

永峰幸三郎（一九九五）「福祉への投資は見返りのない投資か」『経済セミナー』No. 四八八。

――（一九九七）「福祉サービスと公共事業の経済波及効果の比較」『地方財務』一一月号。

広瀬隆（二〇〇一）『燃料電池が世界を変える』NHK出版。

古川潤編著（二〇〇一）『NHK地球白書』家の光協会。

本多祐三（二〇〇二）「インフレーション・ターゲティング：展望」『ファイナンシャル・レビュー』九月号。

本川達雄（一九九二）『ゾウの時間 ネズミの時間』中央公論新社。

矢作弘（二〇〇二）「究極の「開発の自由」は何をもたらすのか」『世界』一〇月号。

堤清二（一九九七）『日本経済学システムを超えて』岩波ブックレットNo. 四二九。

速水優（二〇〇二）「日本経済の再生に向けて」『週刊東洋経済』一一九号。

原正彦（二〇〇三）「インフレターゲット政策の理論的問題点」『金融構造研究』（地方銀行協会）第二六号。

菱山泉（一九六七）「ケインズにおける不確実性の理論」『思想』五一四号。
平井俊顕（二〇〇三）『ケインズの理論』東京大学出版会。
福井俊彦（二〇〇三）「金融政策運営の課題」『金融経済研究』第二〇号。
盛田昭夫（一九九二）「「日本的経営」が危ない」『文藝春秋』二月号。
福岡正夫（一九九七）『ケインズ』東洋経済新報社。
吉川洋（二〇〇三）『構造改革と日本経済』岩波書店。
吉野俊彦（二〇〇一）『これがデフレだ』日本経済新聞社。
ロストウ（一九六五）『経済成長の諸段階』ダイヤモンド社。

あとがき

大学教員のはたすべき役割の一つは、自己の研究分野にかんして、各自がもっとも関心をいだき、重要と思われるテーマを選んで、探求しつづけることであろう。私が選んだテーマは、経済分析における「実物《リアル》要因と貨幣《マネタリー》的要因の統合」であった。現在でもそうだが、この両者を二分して分析するのが一般的になされる分析手法だからである。私の処女論文である「成長理論と貨幣的要因」（『明大商学論叢』第三八巻第三号）には、私の選んだテーマにかかわる問題意識が集約されていた。幸運にも、この論文が高田保馬先生の目にとまり、日本金融学会編『金融論選集』II（東洋経済新報社、一九五五年）に選ばれたときには、天にも昇る心地であった。

それ以来、年に二本の研究論文を発表することを課題として、四十余年にわたって、ささやかな学究生活を過ごしてきた。もちろん、その時どきのテーマ、たとえば信用創造理論、利子論、貨幣需要理論さらにはマネタリズム批判などにおうじて、その中身はさまざまだが、「リアルとマネタリーの統合」という問題意識で貫かれていることには変わりない。こうした思考法が、本書で強調されているように、ケインズ『一般理論』を貨幣的生産経済理論として再構築しようとする、ケインズ・プロジェクトとして精熟していったのである。

こうして私の一学求の徒としての歩みは比較的順調にすすんできたが、ただ一度だけ、しかも研究者として最後のまとめをすべき時期に、八年間も大学行政にたずさわってとだえてしまった。

私は二〇〇〇年三月に七二歳で定年退職した。これまでの学究生活を反芻して、ある程度の満足感を抱きつつも、生涯の研究テーマである「リアルとマネタリーの統合」は途半ばで、とても完成の域に達したとはいい難い。考えてもみよう。私にとって唯一の空白の八年間は、なんと日本経済が長期スタグネーションに沈み込んだ時期と、もろに重なっているではないか。もし私がこれまで研究してきた貨幣的生産経済の理論がリアリティーをもっているならば、新古典派の表層的な分析よりも、はるかに深層に達するスタグネーションの解明ができるのではあるまいか。こんな思いから、一念発起して、本書の執筆にとりかかった。この本が実質上私のライフワークになった。

いざ仕事にとりかかってみると、第一線の研究から長らく離れていたのに加えて、歳は争えず、それこそ老骨に鞭打つ三年余の日々であった。この間、疑問事項や資料のこと、理論的に理解できない点について、明治大学の渡辺良夫教授・鈴木和志教授には、ほぼ定期的といえるほど頻繁に、ご教示をいただいた。ここで改めて心より感謝したい。またTBSの清水孝雄氏にはパソコン操作でしばしばお手をわずらわせたことにも、お礼を申し上げたい。

日本経済評論社の栗原哲也社長には、出版事情のきびしいおりにもかかわらず、本書の出版を快くお引き受けいただき、また清達二氏には大変精緻な編集で、出版の労をとっていただいた。お二人に心からお礼を申し上げる。

最後に、原ゼミOB・OGの諸君には、「商学部奨学論文」に入選した論文を体系化して『ゼミナール金融の理論と現実』を出版して、私の「還暦」に華をそえてくれた。学部のゼミ員が本を出版するのは、稀有な出来事であろう。いままた、この一〇月一〇日には『日本経済 停滞から成熟へ』の出版を記念して、私の「喜寿」のつどいを催して、祝福してくれることになっている。これからも師弟の交流を超えた、人間どうしの絆を深めていきたい。

二〇〇四年八月

原　正　彦

著者紹介

原《はら》　正《まさ》彦《ひこ》

明治大学名誉教授．1928 年高知県生まれ．58 年明治大学大学院商学研究科博士課程修了．同年同大学商学部専任講師，66 年教授．商学博士．2000 年 3 月定年退職．

主著　『ケインズ経済学の再構築』東洋経済新報社，1994 年，『金融論』同文舘，1983 年ほか

訳書　P. デヴィッドソン『貨幣的経済理論』（監訳）日本経済評論社，1980 年，N. カルドア『マネタリズム：その罪過』（共訳）日本経済評論社，1984 年ほか

日本経済 停滞から成熟へ

2004 年 10 月 5 日　第 1 刷発行

定価（本体 2800 円＋税）

著　者　原　正　彦

発行者　栗　原　哲　也

発行所　株式会社 日本経済評論社

〒101-0051 東京都千代田区神田神保町 3-2

電話 03-3230-1661　FAX 03-3265-2993

振替 00130-3-157198

装丁＊渡辺美知子　藤原印刷・美行製本

落丁本・乱丁本はお取替えいたします　Printed in Japan

ISBN4-8188-1723-6